国家级职业教育规划教材
全国中等职业学校会计专业教材

（第2版）

企业会计实务

人力资源社会保障部教材办公室　组织编写
张朝东　主编

中国劳动社会保障出版社

简　介

本教材为国家级职业教育规划教材。

本教材主要内容包括：企业会计简介，货币资金，应收及预付款项，存货，固定资产，无形资产，流动负债，非流动负债，所有者权益，收入、费用、利润，财务会计报告等。本教材全面、系统、详细地讲解了企业会计工作的基本原理、企业会计核算的基本对象、企业会计工作的基本方法和基本技能，文字通俗易懂，由浅入深，注重培养学生的理解能力和实践能力。

本教材由张朝东担任主编，王真真担任副主编，李晓丹、冯丽平、郑伟娜参与编写。刘梅主审。

图书在版编目（CIP）数据

企业会计实务 / 张朝东主编 . -- 2 版 .-- 北京：中国劳动社会保障出版社，2019
全国中等职业学校会计专业教材
ISBN 978-7-5167-3615-9

Ⅰ. ①企…　Ⅱ. ①张…　Ⅲ. ①企业管理 – 会计实务 – 中等专业学校 – 教材
Ⅳ. ①F275.2

中国版本图书馆 CIP 数据核字（2019）第 010172 号

中国劳动社会保障出版社出版发行
（北京市惠新东街 1 号　邮政编码：100029）
*
河北品睿印刷有限公司印刷装订　　新华书店经销
787 毫米 ×1092 毫米　16 开本　15.5 印张　262 千字
2019 年 1 月第 2 版　　2024 年12月第 7 次印刷
定价：31.00 元

营销中心电话：400-606-6496
出版社网址：http://www.class.com.cn
http://jg.class.com.cn

前 言

全国中等职业学校会计专业教材自出版以来，在学校教学中发挥了重要作用。近年来随着会计行业的发展变化，企业对从业人员的知识水平和职业能力提出了更高的要求。为适应这一变化，满足学校培养人才的需求，我们组织一批教学经验丰富、实践能力强的教师与行业、企业专家，在充分调研的基础上，对现有教材进行了修订。

本次教材修订工作的重点主要体现在以下几个方面：

◆ 更新教材内容。根据近年来会计政策和法规的变化，调整、更新了企业会计准则以及增值税、营业税等税收法规的内容；补充了会计理论的最新知识，强调了互联网时代在会计记账、核算、报税过程中对新技术和新设备的应用；完善了最新会计软件的操作方法，使得教材内容更加具有前瞻性，符合时代发展特点。

◆ 强化职业技能和职业素质培养。教材进一步加大技能训练的比重，在涉及到记账、出纳、成本核算、纳税等主要会计技能的教材中，更多地加入实践题例和操作指导，方便教师开展一体化教学。同时，将与会计行业相关的职业道德、职业操守等内容融入到教学知识、课堂问答、课后训练等各环节，以加强对学生职业素质的培养。

◆ 提升教材表现力。通过设置案例分析、知识链接、能力提示等不同栏目，增加教材的亲和力，激发学生的学习兴趣。同时，尽可能多地以图表代替冗长的文字叙述，使教材更加生动，易于学习。

◆ 加强立体化资源建设。习题册修订和教材修订同步进行，同时补充开发配套的电子课件。习题册答案及电子课件可登录 zyjy.class.com.cn，搜索相应的书目，在相关资源中下载。

本套教材的编写得到了有关学校的大力支持，教材的编审人员做了大量的工作，在此，我们表示衷心的感谢！同时，恳切希望广大读者对教材提出宝贵的意见和建议。

人力资源社会保障部教材办公室

目　录

CONTENTS

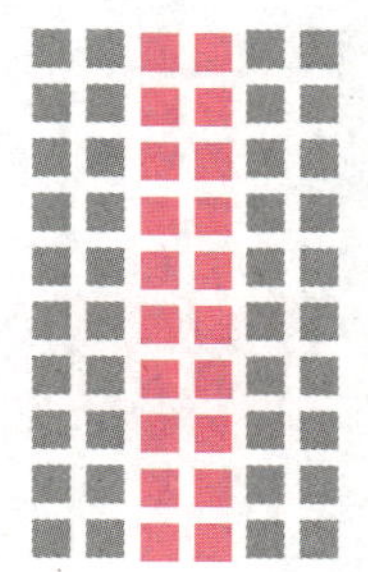

第一章
认识企业会计

学习目标

- 了解企业会计的概念和分类
- 了解企业会计核算的工作内容
- 理解企业会计的目标
- 理解企业会计机构与人员
- 掌握企业会计信息质量要求
- 掌握企业会计工作基本流程

第一节 企业会计概述

一、企业会计的概念

企业会计是以企业为主体，以其经营资金运动为对象，旨在提高企业经济效益的一种管理活动。与政府及非营利组织不同，企业的创立和存在，是以获取利润为基本目的，因此，作为企业管理重要组成部分的企业会计，必然要为企业实现获取利润的目的服务。

二、企业会计的分类

企业会计可以按不同的标准进行分类：

按照企业所处的行业不同，可分为工业企业会计，农业企业会计，商品流通企业会计，施工企业会计，房地产开发企业会计，旅游、饮食服务企业会计，对外经济合作企业会计，交通运输企业会计，铁路运输企业会计，民用航空运输企业会计，邮电通信企业会计，金融企业会计，保险企业会计等。

按照企业会计服务的着重点不同，可分为财务会计、成本会计与管理会计。

按照组织形式不同，可分为独资企业会计、合伙企业会计与股份公司会计。

按照企业是否有外商投资，可分为内资企业会计与外商投资企业会计。

三、企业会计的目标

企业会计目标是向会计报告使用者提供与企业财务状况、经营成果和现金流量等有关的会计信息，反映企业管理层受托经济责任的履行情况，有助于会计报告使用者做出经济决策。

四、企业会计核算的工作内容

1. 会计确认

会计确认是指依据一定的标准，辨认哪些数据能够输入、何时输入会计信息系统以及如何进行报告的过程。它是对交易或事项进行正式的会计记录的行为，

关注的是企业发生的交易或事项是否应该被记录，应在何时、以多少金额、通过哪些会计要素在会计账簿中予以记录的问题。

2. 会计计量

会计计量是在一定的计量尺度下，运用特定的计量单位，选择合理的计量属性，确定应予记录的经济事项金额的会计记录过程。

会计计量包括计量尺度、计量单位、计量对象和计量属性。其中，计量属性反映的是会计要素金额确定的基础，主要包括历史成本、重置成本、可变现净值、现值和公允价值。

3. 会计记录

会计记录是指对经过会计确认、会计计量的经济业务，采用一定方法记录下来的过程。在会计记录中，对于经过确认而可以进入会计信息系统处理的每项数据，要运用预先设计的账户（账户是会计要素的再分类与具体化）和有关文字及金额，按复式记账规则的要求，在账簿上加以登记，它是会计核算中的一个重要环节，形成为会计核算的一个子系统——复式簿记系统。

我国《会计法》对会计记录文字的要求是：会计记录的文字应当使用中文。在民族自治地方，会计记录可以同时使用当地通用的一种民族文字。在中华人民共和国境内的外商投资企业、外国企业和其他外国组织的会计记录可以同时使用一种外国文字。

4. 会计报告

会计报告是指企业对外提供的反映企业某一特定日期财务状况和某一会计期间经营成果、现金流量的文件。它以账簿记录为依据，采用表格和文字形式，把会计所形成的财务信息传递给信息使用者。会计报告就是要把按照各种会计核算方法确认、计量、记录的资产、负债、所有者权益、收入、费用和利润的数据编制成财务报表，向使用者提供有关企业财务状况和经营成果的信息。

五、企业会计信息质量要求

1. 可靠性

可靠性要求企业应当以实际发生的交易或者事项为依据进行确认、计量和报告，如实反映符合确认和计量要求的各项会计要素及其他相关信息，保证会计信息真实可靠、内容完整。

2. 相关性

相关性要求企业提供的会计信息应当与投资者等财务报告使用者的经济决策需要相关，有助于投资者等财务报告使用者对企业过去、现在或者未来的情况做出评价和预测。

会计信息质量的相关性要求，需要企业在确认、计量和报告会计信息的过程中，充分考虑使用者的决策模式和信息需求。但是，相关性是以可靠性为基础的，两者之间并不矛盾，不应将两者对立起来。也就是说，会计信息在可靠性前提下，尽可能地做到相关性，以满足投资者等财务报告使用者的决策需要。

3. 可理解性

可理解性要求企业提供的会计信息应当清晰明了，便于投资者等财务报告使用者充分理解和使用。

企业编制财务报告、提供会计信息的目的在于使用，为了让使用者准确有效使用会计信息，应当让其了解会计信息的内涵，弄懂会计信息的内容。这就要求财务报告所提供的会计信息应当清晰明了，易于理解。只有这样，才能提高会计信息的有用性，实现财务报告的目标，满足向投资者等财务报告使用者提供有利于决策的信息的要求。

4. 可比性

可比性要求企业提供的会计信息应当相互可比。这主要包括以下两层含义：

同一企业不同时期发生的相同或者相似的交易或者事项，应当采用一致的会计政策，不得随意变更。确需变更的，应当在附注中说明。

不同企业发生的相同或者相似的交易或者事项，应当采用规定的会计政策，确保会计信息口径一致、相互可比。

5. 重要性

重要性要求企业提供的会计信息应当反映与企业财务状况、经营成果和现金

流量有关的所有重要交易或者事项。

在实务中，如果会计信息的省略或者错报会影响投资者或财务报告使用者据此做出决策，该信息就具有重要性。企业应当根据其所处环境和实际情况，从项目的性质和金额大小两方面对会计信息的重要性加以判断。

6. 实质重于形式

实质重于形式要求企业应当按照交易或者事项的经济实质进行会计确认、计量和报告，不仅以交易或者事项的法律形式为依据。

在多数情况下，企业发生的交易或事项其经济实质与法律形式是一致的。但在有些情况下，会出现不一致。例如，以融资租赁方式租入的资产虽然从法律形式来讲企业并不拥有其所有权，但是由于租赁合同中规定的租赁期相当长，接近于该资产的使用寿命，租赁期结束时承租企业有优先购买该资产的选择权，在租赁期内承租企业有权支配资产并从中受益等，从其经济实质来看，企业能够控制融资租入资产所创造的未来经济利益，所以在会计确认、计量和报告上就应当将以融资租赁方式租入的资产视为企业的资产，列入企业的资产负债表中。

7. 谨慎性

谨慎性要求企业对交易或者事项进行会计确认、计量和报告时应当保持应有的谨慎，不应高估资产或者收益、低估负债或者费用。

会计信息质量的谨慎性要求，需要企业在面临不确定性因素的情况下做出职业判断时，应当保持应有的谨慎，充分估计到各种风险和损失，既不高估资产或者收益，也不低估负债或者费用。例如，要求企业对可能发生的资产减值损失计提资产减值准备、对售出商品可能发生的保修义务确认预计负债等，就体现了会计信息质量的谨慎性要求。

8. 及时性

及时性要求企业对于已经发生的交易或者事项，应当及时进行确认、计量和报告，不得提前或者延后。

会计信息的价值在于帮助使用者做出正确经济决策，具有时效性。即使是可靠、相关的会计信息，如果不能及时提供给使用者，就失去了时效性，对于使用者的效用就大大降低甚至不再具有实际意义。在会计确认、计量和报告过程中贯彻及时性，一是要求及时收集会计信息，即在经济交易或者事项发生后，及时收集整理各种原始单据或者凭证；二是要求及时处理会计信息，即按照会计准则的规定，及时对经济交易或者事项进行确认或者计量，并编制出财务报告；三是要求及时传递会计信息，即按照国家规定的有关时限，及时地将编制的财务报告传递给财务报告使用者，便于其及时使用和决策。

第二节　企业会计机构与人员

一、会计工作岗位的设置

会计工作岗位，是指一个单位会计机构内部根据业务分工而设置的职能岗位。会计工作岗位可以一人一岗、一人多岗或者一岗多人，但出纳人员不得兼任会计、稽核、会计档案保管工作，不得兼管收入、费用、债权债务账目的登记工作。在会计机构内部设置会计工作岗位，有利于明确分工和确定岗位职责，建立岗位责任制；有利于会计人员钻研业务，提高工作效率和质量；有利于会计工作的程序化和规范化，加强会计基础工作；还有利于强化会计管理职能、充分发挥会计工作的作用；同时，也是配备数量适当的会计人员的客观依据之一。

会计工作岗位设置应符合内部牵制制度的要求。内部牵制制度（钱账分管制度）是指凡是涉及款项和财务收付、结算及登记的任何一项工作，必须由两人或两人以上分工办理，以起到相互制约作用的一种工作制度，是内部控制制度的重要组成部分。对会计人员的工作岗位要有计划进行轮岗，以有利于会计人员全面熟悉业务，不断提高业务素质；要建立会计岗位责任制，有利于权责分明，责任到人，奖惩有据，提高效能。

二、会计人员的职责

会计人员的主要职责有：

1. 全面负责企业财会方面的工作，认真进行会计核算，负责收据、发票购买、保管使用情况的检查。

2. 做好监督工作，即对不真实、不合法的原始凭证，不予受理；对记载不

准确、不完整的原始凭证，予以退回，要求更正补充；发现账簿记录与实物、款项不符的时候，应当按照有关规定进行处理；无权自行处理的，应当立即向企业负责人报告，请求查明原因，做出处理。

3. 参与拟定企业经济计划、业务计划，考核、分析预算、财务计划的执行情况。

4. 负责会计档案的归档与保管。

第三节　企业会计工作基本流程

会计工作的基本流程，就是会计人员在会计期间，按照国家规定的会计制度，运用一定的会计方法，遵循一定的会计步骤对经济数据进行记录、计算、汇总、报告，从编制会计凭证、登记会计账簿到形成财务报表的过程。通常，将这种依次发生、周而复始的以记录为主的会计处理过程称之为会计循环。具体来说，参照以下几个步骤循环进行：

一、初始建账

初始建账就是根据企业所处的行业要求和将来可能发生的会计业务情况，购置所需要的会计账簿，然后根据企业日常发生的业务情况和会计处理程序登记账簿。

二、会计事项分析

会计事项分析包括经济业务分析、原始凭证审核等工作。

三、编制会计凭证

编制会计凭证是对企业发生的经济业务进行确认和计量，并根据其结果，运用复式记账法编制会计分录，填写会计凭证。

四、登记有关账簿

登记有关账簿是根据会计凭证分别登记有关的日记账、总分类账和明细分类账，并结出发生额和余额。

五、编制试算平衡表

编制试算平衡表是根据总分类账试算平衡表和明细分类账试算平衡表，检查记账有无错误。

六、期末调账和编制工作底稿

期末结账前，按照权责发生制原则，确定本期的应得收入和应负担的费用，并据以对账簿记录的有关账项做出必要调整，编制调账分录和试算平衡表，并结合分类账和日记账的会计数据，据以编制工作底稿，以方便下一步对账和结账工作，并为最后编制报表提供便利。

七、对账和结账

对账是为确保账簿记录的正确、完整、真实，在有关经济业务入账以后进行的对账工作，主要有账账相对、账证相对和账实相对。

结账即结清账目，在把一定时期所发生的经济业务全部登记入账后，将各种账簿记录的经济业务结算清楚，结出本期发生额合计和期末余额，或将余额结转下期，以便编制财务报表。

八、编制和报送财务报告

根据账簿记录编制资产负债表、利润表和现金流量表等，报告企业会计年度某一特定日期的财务状况和某一会计期间的经营成果、现金流量等会计信息。

练习题

一、填空题

1. 按照企业会计服务的着重点不同，可分为____________与____________。

2. 企业应当根据其所处环境和实际情况，从项目的______________和______________两方面对会计信息的重要性加以判断。

3. 谨慎性要求企业对交易或者事项进行会计确认、计量和报告时，应当保持应有的谨慎，不应高估______________、低估______________。

4. 会计工作岗位可以一人一岗、______________或者______________。

二、单选题

1.（　　）是指依据一定的标准，辨认哪些数据能够输入、[illegible]会计信息系统以及如何进行报告的过程。

A. 会计确认　　B. 会计计量　　C. 会计记录　　D. 会计报告

2. 企业应当按照交易或者事项的经济实质进行会计确认、计量和报告，不仅仅以交易或者事项的法律形式为依据，这反映了（　　）这一会计信息质量要求。

A. 重要性　　B. 可比性

C. 实质重于形式　　D. 谨慎性

3. 企业应当以实际发生的交易或者事项为依据进行确认、计量和报告，如实反映符合确认和计量要求的各项会计要素及其他相关信息，保证会计信息真实可靠、内容完整，这反映了（　　）这一会计信息质量要求。

A. 重要性　　B. 可靠性　　C. 相关性　　D. 谨慎性

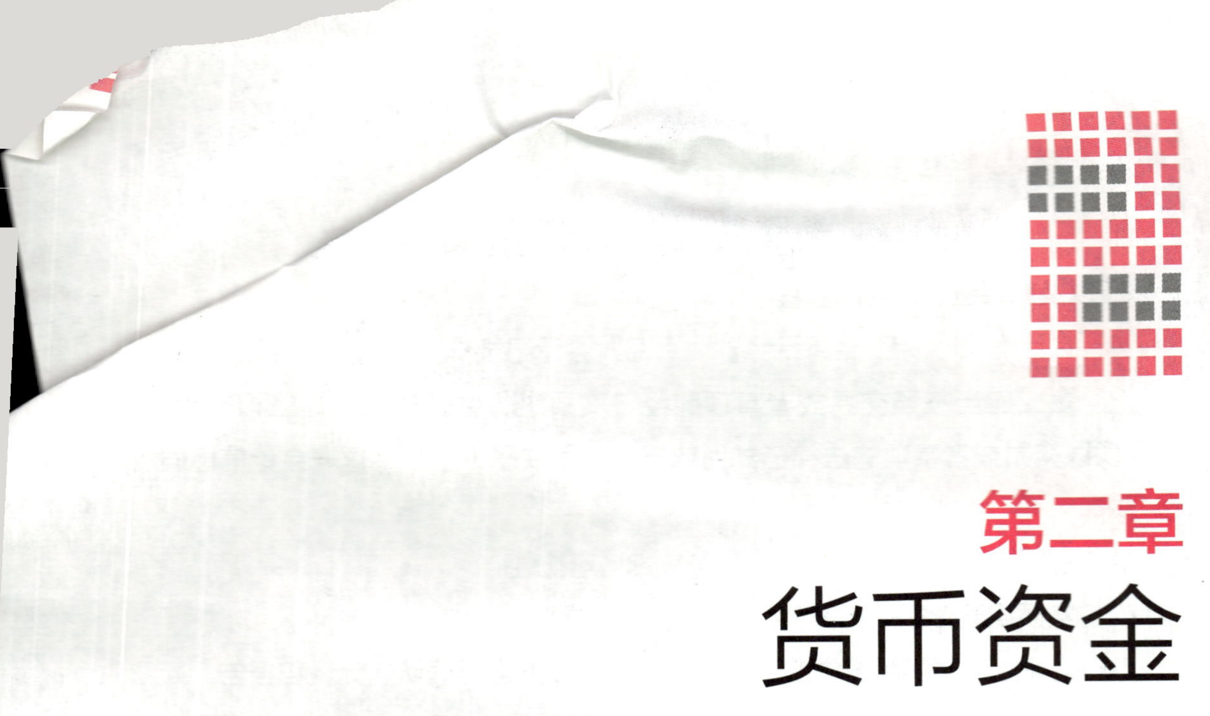

第二章 货币资金

学习目标

- 掌握货币资金的概念及其内部控制的一般原则
- 掌握库存现金和银行存款的内容和管理规定
- 理解银行支付结算方式的种类、适用范围和基本规定
- 掌握库存现金和银行存款清查核对的方法及其账务处理
- 了解其他货币资金的内容

第一节 货币资金概述

一、货币资金的概念

货币资金是指企业在生产经营过程中处于货币形态的那部分资产。货币资金是流动性最强的流动资产，持有货币资金是企业进行生产经营活动的基本条件。企业的货币资金包括库存现金、银行存款和其他货币资金。

库存现金是指存放在企业的现款（包括人民币和外币）。

银行存款是指存放在银行或其他金融机构的存款。

其他货币资金是指除库存现金、银行存款以外的货币资金，如外埠存款、银行汇票存款等。

二、货币资金的内部控制

企业应根据货币资金业务的特点并结合企业自身的经营管理实际，建立适合本企业业务特点和管理要求的货币资金内部控制制度，对货币资金实施严密的管理，可防止不必要的损失，从而更有利于对货币资金的管理和控制。

1. 货币资金内部控制的原则

（1）严格岗位分工，执行授权批准制度

企业应严格执行不相容岗位分离、相互制约和监督的原则。出纳人员不得兼任会计、稽核、会计档案保管，不得兼管收入、费用、债权债务账目的登记工作。企业不得由一人办理货币资金业务的全过程。所有货币资金的收支活动都必须符合审批程序，对于审批人超越授权范围的审批业务，经办人员有权拒绝办理。

（2）严格对票据及有关印章的管理

企业应明确与货币资金业务相关的票据（如支票等）的购买、保管、领用、背书转让、注销等环节的职责权限和程序，并专设登记簿进行记录；同时，要加强银行预留印鉴的管理，财务专用章应由专人保管，个人名章应由本人或其授权人保管。严禁一人保管支付款项的所有印章。货币资金业务在发生或完成时，有

关负责人必须严格履行签字或盖章手续。

（3）加强对货币资金收支的控制和监督

企业必须按国家规定在银行开立账户，办理存款、取款和转账业务，自觉接受开户银行的监督，严格执行有关货币资金管理法规和支付结算制度。

（4）建立内部稽核制度

企业应当建立对货币资金业务的监督检查制度，设置内部稽核单位和人员，对货币资金实施经常性和突击性的检查，以确定账实是否相符。

2. 货币资金内部控制的方法

（1）货币资金收入的控制

货币资金收入控制的目的是要保证全部货币资金收入都无一遗漏地入账，其基本要点有：

1）开出的收据应与已入账的收据联编号逐张核对金额，确保现金收入全部入账，完整及时送存银行。

2）一切货币资金收入都应开具收款凭证，并加盖“现金收讫”或“转账收讫”戳记。

3）要控制收款收据和发票的数量和编号。建立一套严格详细的领用和回收制度，领用时要登记数量和起讫号，并由领用人签收，已领用尚未使用的空白发票、收据要定期查对；已使用的收据和发票要清点、登记、封存和保管，并按规定程序审批后销毁。

4）签发货币资金收款收据与收款应由不同人员经办，以有效地防止舞弊行为和差错的发生。

（2）货币资金支出的控制

企业货币资金支付办理程序应包括申请、审批、复核和办理四个环节。货币资金支出控制的目的是要保证企业货币资金支付都要按程序办理，并做到审批规范、手续齐全、凭证完整有效。其基本要点有：

1）严格按照国家有关支付结算制度和现金管理规定的范围使用货币资金。

2）付款的授权、支票的签发、款项的支付和记账要由不同人员经办，实现职责分工，相互监督。

3）凭证、票据的支付确认至少要由两人签字或盖章，相互牵制，相互监督。

4）所有的支付款项都必须要有合格的原始凭证为依据，由经办人员签字证明，由各级主管人员按权限审批，确认后，出纳人员据此用来办理付款。

5）款项付讫后，出纳必须及时在付款凭证上加盖“现金付讫”或“转账付讫”戳记，以防止重付或漏付，并及时登记相关货币资金日记账。

第二节 库存现金

一、库存现金的管理

库存现金指企业用于日常零星开支的现款，其流动性最强，也最容易被挪用或侵占，因此企业应特别重视库存现金的管理与控制，以确保其安全与完整。

1. 库存现金的收支范围

（1）库存现金收入范围

1）职工剩余差旅费、赔偿款、罚款及归还备用金等个人交款。

2）无法办理转账的单位或个人的销售收入。

3）不足转账起点的小额收入等。

（2）库存现金支出范围

1）职工工资、各种工资性津贴。

2）除工资、津贴以外的个人劳动报酬。

3）根据国家有关规定颁发给个人的科学技术、文化艺术、体育等各种奖金。

4）各种劳保、福利费用以及国家规定的对个人的其他支出。

5）收购单位向个人收购农副产品和其他物资支付的价款。

6）出差人员必须随身携带的差旅费。

7）结算起点（1 000 元人民币）以下的零星支出。

8）中国人民银行确定需要现金支付的其他支出。

2. 库存现金的限额

库存现金限额是指为了保证企业日常零星开支的需要，按规定允许留存现金的最高数额。这一限额一般由开户银行根据企业 3~5 天日常零星开支所需现金确定，边远地区和交通不便地区可以多于 5 天，但最多不得超过 15 天。限额一经核定，企业必须严格遵守。库存现金不足限额应及时补足，超过限额的现金应于当日终了前送存银行；当需要增加或减少库存现金限额时，企业应向开户银行提出申请，由开户银行核定。

3. 库存现金日常收支的管理

（1）不得坐支现金。所谓坐支现金，是指企业用收入的现金直接支付自己的支出。按《现金管理暂行条例》的规定，企业支付现金可以从本单位库存现金中支付或从开户银行提取，因特殊情况需要坐支现金，应事先报经开户银行审查批准。

（2）企业借出现金必须严格执行授权批准程序，严禁擅自挪用、借出现金。

（3）不准编造和谎报用途套取现金。企业从开户银行提取现金时，应如实写明提取现金的用途，由本单位财务部门负责人签字盖章，经开户银行审批后予以支付。

（4）不准用不符合财务制度的凭证（如借条、白条等）顶替库存现金，即不得“白条抵库”。

（5）不准向他人出租、出借银行账户，用银行账户代其他单位和个人存入或支取现金。

（6）不准用单位收入的现金以个人名义存入银行，即不得“公款私存”。

（7）不准保留账外公款（即“小金库”）。

（8）库存现金要定期或不定期地由内部审计人员核查。

二、库存现金的核算

1. 库存现金的总分类核算

为反映库存现金的收支和结存情况，应设置“库存现金”账户，该账户借方登记现金的增加数，贷方登记现金的减少数，期末余额在借方，反映企业月末持有库存现金的结存数。

【例 2—1】3 月 10 日，信达公司开出一张现金支票，从银行提取现金 1 500 元备用。编制会计分录如下：

借：库存现金　　　　1 500

　　贷：银行存款　　　　1 500

【例 2—2】3 月 11 日，购买办公用品支付现金 280 元。编制会计分录如下：

借：管理费用　　280

　　贷：库存现金　　280

【例 2—3】3 月 13 日，职工张军出差，预借差旅费 2 000 元，以现金支付。编制会计分录如下：

借：其他应收款——张军　　2 000

　　贷：库存现金　　2 000

【例 2—4】3 月 15 日，职工张军出差回来报销差旅费 1 600 元，交回剩余现金 400 元。编制会计分录如下：

借：管理费用　　1 600

　　库存现金　　400

　　贷：其他应收款——张军　　2 000

在库存现金的总分类核算过程中，可由会计人员根据记账凭证直接登记库存现金总账，也可以根据记账凭证定期编制科目汇总表，于月末根据科目汇总表登记库存现金总分类账。

2. 库存现金的明细分类核算

为了及时、准确、连续、系统地反映库存现金收支和结存情况，企业应设置库存现金日记账，进行序时记录。库存现金日记账为三栏式订本账格式，由出纳人员根据审核无误的收付款凭证及所附的原始凭证，按照业务发生的先后顺序逐日逐笔登记。每日终了，应计算当日的现金结余数，并与实际库存现金实有数核对，做到日清月结，保证账款相符。如果发现账款不符，应及时查明原因进行处理。月份终了，出纳登记的库存现金日记账的余额应与会计登记的库存现金总分类账的余额核对相符。

三、库存现金的清查

1. 库存现金清查的方法

库存现金应采用实地盘点法进行清查。即通过盘点确定库存现金的实存数，并与库存现金日记账账面余额核对，以查明账实是否相符并确定是否存在盘盈盘亏情况。清查小组盘点时，出纳人员必须在场。

由于现金收支业务频繁，容易出错，出纳人员应在每日终了时进行账实核对，另外，单位还应定期或不定期组织专门清查。在清查小组清查前，出纳人员应将全部有关现金的收付款凭证登记入账，结出库存现金余额，并填列在库存现金盘点报告表的“账存金额”栏内。清查人员还应认真审核收付款凭证，注意有无违反现金管理制度（如白条抵库、挪用现金等）的情况。盘点完成后，应编制库存现金盘点报告表（见表2—1），并由盘点人员和出纳人员共同签章。库存现金盘点报告表兼有盘存单和实存账存对比表的作用，是证明现金实有数额的重要原始凭证，也是查明账实不符的原因和据以调整账簿记录的重要依据。

表2—1 库存现金盘点报告表

单位名称： 年 月 日 单位：元

实存金额	账存金额	对比结果		备注
		盘盈（溢余）	盘亏（短缺）	

盘点人（签章）： 出纳（签章）：

盘点以后，对发现的差错应查明原因，等待处理。对白条抵库、坐支现金和库存现金超限额等情况，应在备注栏中说明。

2. 库存现金清查的核算

对库存现金短缺或溢余的处理，应设置“待处理财产损溢——待处理流动资产损溢”账户核算。如为库存现金短缺，属于应由责任人赔偿的部分，应记入“其他应收款——应收现金短缺（某个人）”账户；属于无法查明原因的，报经批准后记入“管理费用”账户。如为库存现金溢余，属于应支付给有关人员或单位的，应记入“其他应付款——应付现金溢余（某个人或单位）”账户；无法查明原因的现金溢余，经批准后记入“营业外收入——现金溢余”账户。

【例2—5】信达公司6月现金清查发生如下经济业务：

（1）现金清查，发现现金短缺260元，原因待查。编制会计分录如下：

借：待处理财产损溢——待处理流动资产损溢 260

　　贷：库存现金 260

（2）经核查，其中150元是出纳员林珊工作失职造成，应由其负责赔偿；另外110元无法查明原因，经批准后转作管理费用。编制会计分录如下：

借：其他应收款——出纳员（林珊） 150

　　管理费用 110

　　贷：待处理财产损溢——待处理流动资产损溢 260

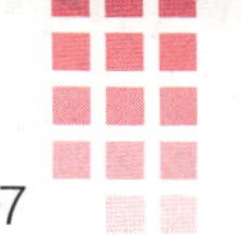

【例 2—6】信达公司 7 月现金清查发生如下经济业务：

（1）现金清查，发现现金溢余 180 元，原因待查。编制会计分录如下：

借：库存现金　180

　　贷：待处理财产损溢——待处理流动资产损溢　180

（2）经核查，仍无法查明原因，经批准后转作营业外收入处理。编制会计分录如下：

借：待处理财产损溢——待处理流动资产损溢　180

　　贷：营业外收入——现金溢余　180

第三节　银行存款

银行存款就是企业存放在银行或其他金融机构的货币资金。按照国家有关规定，凡是独立核算的单位都必须在当地银行开设账户。企业除规定通过库存现金进行收支业务以外，所有货币资金都必须以银行存款进行收支结算。

一、银行存款的管理

1. 银行存款账户管理

企业应当按照国家《支付结算办法》的规定，在银行开立账户，办理存款、取款和转账结算。企业在银行开立的账户可分为以下四种（见表 2—2）。

表 2—2　银行存款账户

账户类型	适用范围	有关规定	注意事项
基本存款账户	办理日常经营活动的资金收付及其工资、奖金和现金的支取	可现金缴存和支取	有且只有一个
一般存款账户	办理存款人借款转存、借款归还和其他结算的资金收付	可现金缴存但不能支取现金	可开立多个
临时存款账户	办理临时机构以及存款人临时经营活动发生的资金收付	可转账也可按规定办理现金收付，期限为 2 年	
专用存款账户	办理各项专用资金的收付		专款专用

2. 银行结算纪律

根据中国人民银行《支付结算办法》的规定，企业通过银行办理支付结算时，必须遵守有关的结算纪律：

（1）不准签发没有资金保证的票据或远期支票，套取银行信用。

（2）不准签发、取得和转让没有真实交易和债权债务的票据，套取银行和他人资金。

（3）不准无理由拒绝付款，任意占用他人资金。

（4）不准违反规定开立和使用银行账户。

二、银行支付结算方式

支付结算是指单位、个人在社会经济活动中使用票据、信用卡和汇兑、托收承付、委托收款等结算方式进行货币给付及其资金清算的行为。银行是支付结算和资金清算的中介机构。

1. 银行汇票结算方式

银行汇票是出票银行签发的，由其在见票时按照实际结算金额无条件支付给收款人或者持票人的票据。银行汇票的出票人是银行。

同城或异地的单位和个人各种款项结算，均可使用银行汇票。银行汇票可以用于转账，填明“现金”字样的银行汇票也可以用于支取现金。

银行汇票的提示付款期限自出票日起 1 个月。银行汇票收款人可以将银行汇票背书转让给被背书人。背书转让以不超过出票金额的实际结算金额为准。未填写实际结算金额或实际结算金额超过出票金额的银行汇票不得背书转让。

银行汇票丧失，失票人可以凭人民法院出具的其享有票据权利的证明，向出票银行请求付款或退款。银行汇票式样如图 2—1 所示。

银行汇票结算方式的账务处理是通过“其他货币资金”账户进行的，具体内容见本章第四节。

2. 银行本票结算方式

银行本票是银行签发的，承诺自己在见票时无条件支付确定的金额给收款人或者持票人的票据。

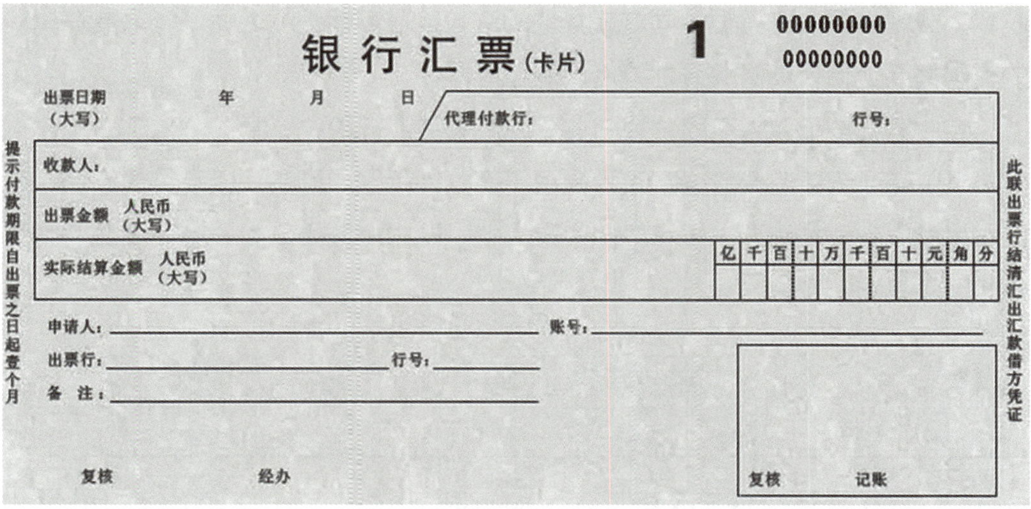

银行汇票（卡片） 1 00000000 00000000

出票日期（大写） 年 月 日 代理付款行： 行号：

收款人：

出票金额 人民币（大写）

实际结算金额 人民币（大写） 亿 千 百 十 万 千 百 十 元 角 分

申请人： 账号：

出票行： 行号：

备 注：

复核 经办 复核 记账

提示付款期限自出票之日起壹个月

此联出票行结清汇出汇款借方凭证

图 2—1 银行汇票式样

单位和个人在同一票据交换区域需要支付各种款项，均可以使用银行本票。银行本票可以用于转账，注明“现金”字样的银行本票可以用于支取现金。

银行本票的出票人是银行。银行本票分为不定额本票和定额本票两种，定额银行本票面额为 1 000 元、5 000 元、10 000 元和 50 000 元。银行本票的提示付款期限自出票日起最长不得超过 2 个月。收款人可以将银行本票背书转让给被背书人。银行本票式样如图 2—2 所示。

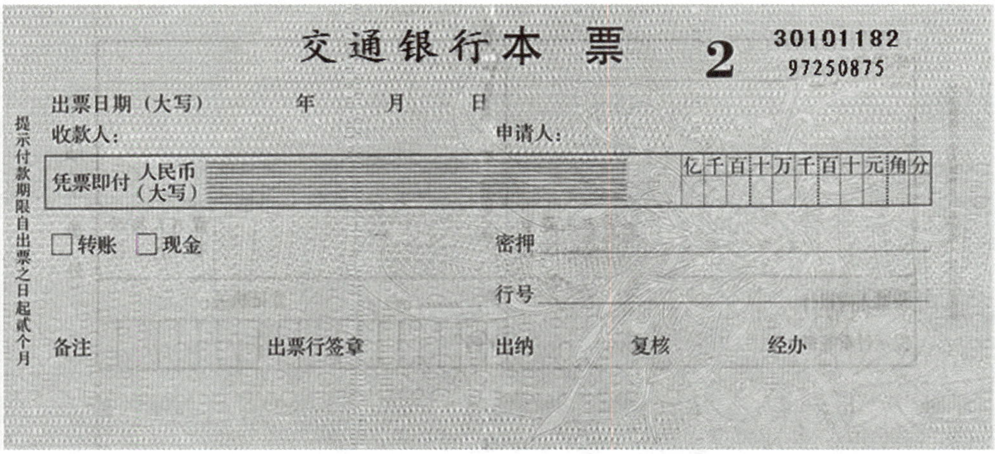

交通银行本 票 2 30101182 97250875

出票日期（大写） 年 月 日

收款人： 申请人：

凭票即付 人民币（大写） 亿 千 百 十 万 千 百 十 元 角 分

□转账 □现金 密押

行号

备注 出票行签章 出纳 复核 经办

提示付款期限自出票之日起贰个月

图 2—2 银行本票式样

银行本票结算方式的账务处理也是通过“其他货币资金”账户进行的，具体内容见本章第四节。

3. 商业汇票结算方式

商业汇票是出票人签发的，委托付款人在指定日期无条件支付确定的金额给收款人或者持票人的票据。同城或异地的法人以及其他组织之间，必须具有真实的交易关系或债权债务关系才能使用商业汇票。

商业汇票按承兑人不同分为商业承兑汇票和银行承兑汇票。

（1）商业承兑汇票的出票人为在银行开立存款账户的法人以及其他组织，可以由付款人签发并承兑，也可以由收款人签发交由付款人承兑。商业承兑汇票式样如图 2—3 所示。

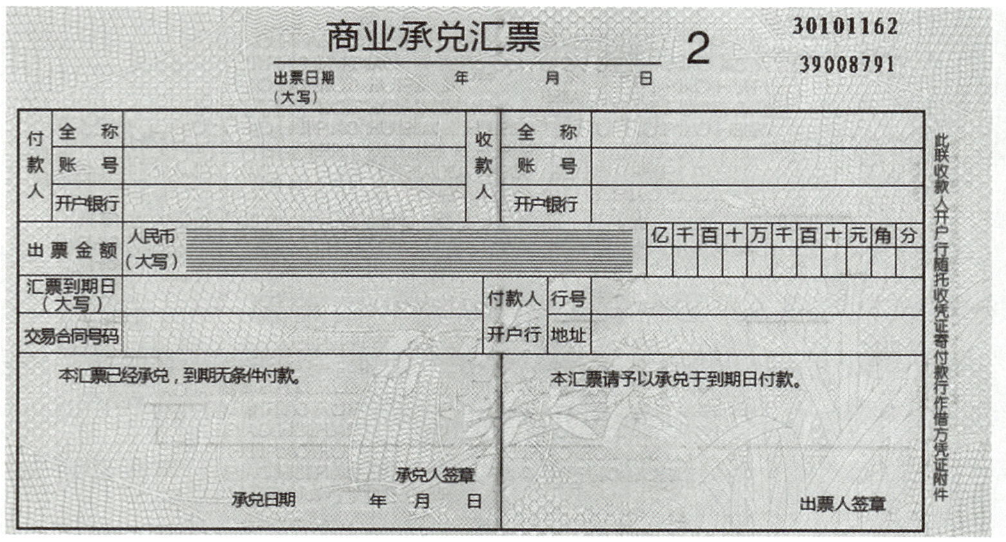

商业承兑汇票 2

30101162
39008791

出票日期（大写） 年 月 日

付款人	全称		收款人	全称	
	账号			账号	
	开户银行			开户银行	
出票金额	人民币（大写）		亿千百十万千百十元角分		
汇票到期日（大写）			付款人开户行	行号	
交易合同号码				地址	
本汇票已经承兑，到期无条件付款。 承兑人签章 承兑日期 年 月 日			本汇票请予以承兑于到期日付款。 出票人签章		

此联收款人开户行随托收凭证寄付款行作借方凭证附件

图 2—3 商业承兑汇票式样

（2）银行承兑汇票是由在承兑银行开立存款账户的存款人签发，并由承兑申请人向开户银行申请，经银行审查同意承兑的票据。银行承兑汇票式样如图 2—4 所示。

银行承兑汇票 2

30104452
81463970

出票日期（大写） 年 月 日

出票人全称		收款人	全称	
出票人账号			账号	
付款行名称			开户银行	
出票金额	人民币（大写）	亿千百十万千百十元角分		
汇票到期日（大写）		付款行	行号	
承兑协议编号			地址	
本汇票请你行承兑，到期无条件付款。 出票人签章		本汇票已经承兑，到期日由本行付款。 承兑行签章 承兑日期 年 月 日 备注：	密押 复核 记账	

此联收款人开户行随托收凭证寄付款行作借方凭证附件

图 2—4 银行承兑汇票式样

定日付款或者出票后定期付款的商业汇票，持票人应当在汇票到期日前向付款人提示承兑。商业汇票的付款期限最长不得超过 6 个月。商业汇票的提示付款期限，自汇票到期日起 10 日。

商业汇票可以背书转让，符合条件的商业汇票的持票人可持未到期的商业汇票连同贴现凭证向银行申请贴现。

企业销售产品或接受劳务取得的商业汇票，应通过“应收票据”账户进行核算，具体内容见第三章第二节。

4. 支票结算方式

支票是出票人签发的，委托办理支票存款业务的银行在见票时无条件支付确定的金额给收款人或者持票人的票据。单位和个人在同一票据交换区域的各种款项结算，均可使用支票。

支票分为现金支票、转账支票和普通支票。现金支票只能用于提取现金；转账支票只能用于转账；普通支票可以用于支取现金，也可以用于转账。划线的普通支票只能用于转账，不得支取现金。

支票的提示付款期限自出票日起 10 日。超过提示付款期限提示付款的，持票人开户银行不予受理，付款人不予付款。转账支票可以根据需要背书转让。现金支票式样如图 2—5 所示，转账支票式样如图 2—6 所示。

付款人签发支票，根据支票存根和有关凭证，借记有关账户，贷记“银行存款”账户。收款人将支票送存开户银行时，根据进账单回执，借记“银行存款”账户，贷记有关账户。

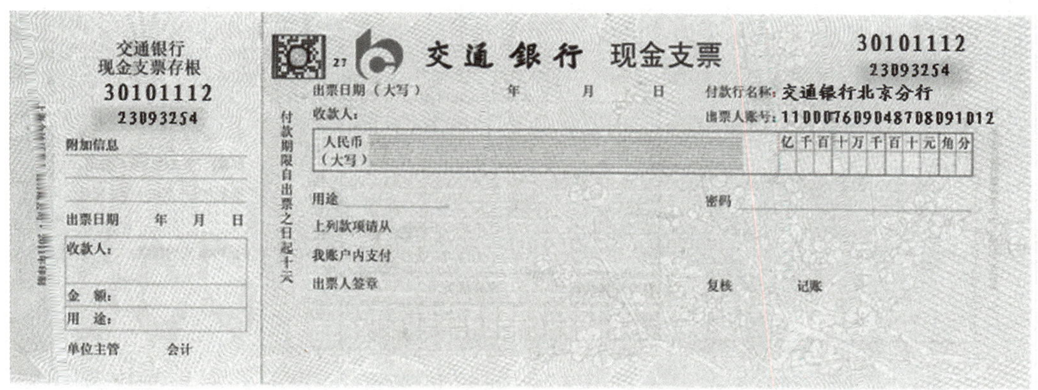
交通银行
现金支票存根
30101112
23093254
附加信息
出票日期 年 月 日
收款人:
金 额:
用 途:
单位主管 会计

交通银行 现金支票 30101112
23093254
出票日期（大写） 年 月 日 付款行名称：交通银行北京分行
收款人: 出票人账号：110007609048708091012
人民币（大写） 亿 千 百 十 万 千 百 十 元 角 分
付款期限自出票之日起十天
用途 密码
上列款项请从
我账户内支付
出票人签章 复核 记账

图 2—5 现金支票式样

交通银行
转账支票存根
30101122
23909015
附加信息
出票日期 年 月 日
收款人：
金 额：
用 途：
单位主管 会计

交通银行 转账支票 30101122
23909015
出票日期（大写） 年 月 日 付款行名称：交通银行北京分行
收款人： 出票人账号：020000100901213644121
付款期限自出票之日起十天
人民币（大写） 亿 千 百 十 万 千 百 十 元 角 分
用途 密码
上列款项请从 行号
我账户内支付
出票人签章 复核 记账

图 2—6 转账支票式样

5. 汇兑结算方式

汇兑是汇款人委托银行将其款项支付给收款人的结算方式。异地的单位和个人的各种款项的结算，均可使用汇兑结算方式。汇兑分为信汇（邮寄凭证）和电汇（电报）两种，由汇款人选择使用。汇兑凭证式样如图 2—7 所示。

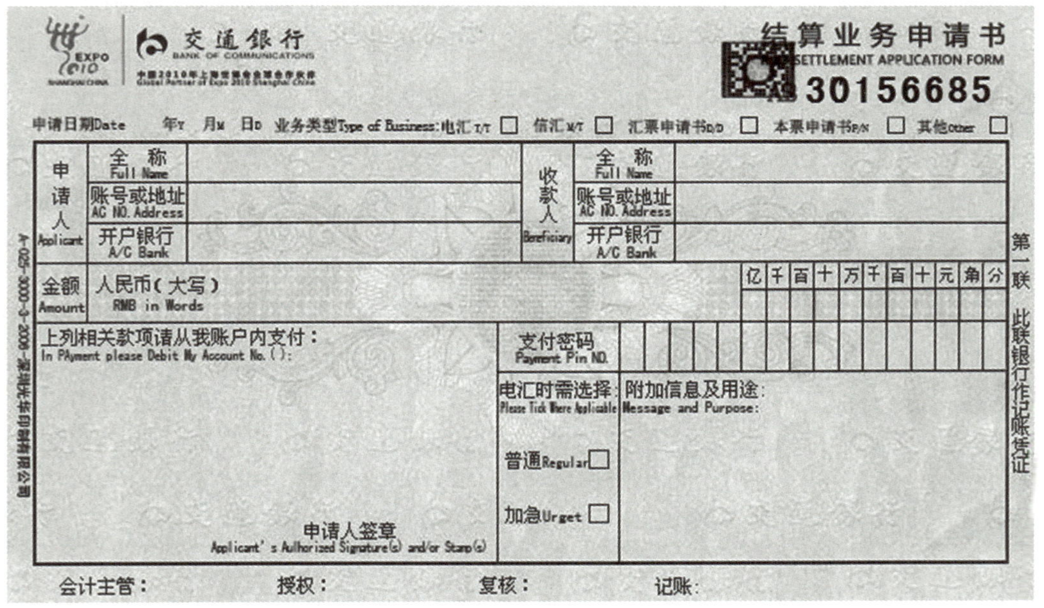

交通银行 BANK OF COMMUNICATIONS
结算业务申请书 SETTLEMENT APPLICATION FORM
30156685
申请日期Date 年Y 月M 日D 业务类型Type of Business：电汇T/T □ 信汇M/T □ 汇票申请书D/D □ 本票申请书P/N □ 其他Other □
申请人 Applicant：全称 Full Name；账号或地址 AC NO. Address；开户银行 A/C Bank
收款人 Beneficiary：全称 Full Name；账号或地址 AC NO. Address；开户银行 A/C Bank
金额 Amount 人民币（大写）RMB in Words 亿 千 百 十 万 千 百 十 元 角 分
上列相关款项请从我账户内支付：
In Payment please Debit My Account No.（）：
支付密码 Payment Pin NO.
电汇时需选择：Please Tick Where Applicable 普通Regular □ 加急Urget □
附加信息及用途：Message and Purpose：
申请人签章 Applicant's Authorized Signature(s) and/or Stamp(s)
第一联 此联银行作记账凭证
会计主管： 授权： 复核： 记账：

图 2—7 汇兑凭证式样

付款人采用汇兑方式汇出款项的账务处理有两种情况：一是当即用于支付款项的，借记有关账户，贷记“银行存款”账户；二是将款项汇往异地开立采购专户的，记入“其他货币资金——外埠存款”账户，具体见本章第四节。

6. 委托收款结算方式

委托收款是收款人委托银行向付款人收取款项的结算方式。委托收款是一种方便灵活、使用范围广泛、便于收款人主动收取款项的结算方式。委托收款结算方式不受金额起点的限制，无论是同城还是异地均可以使用。委托收款结算款项的划回方式，分邮寄和电报两种，由收款人选用。

收取公用事业费，必须具有收付双方事先签订的经济合同，由付款人向开户银行授权，并经开户银行同意，报经中国人民银行当地分支行批准。如公用服务事业单位向用户单位收取水费、电费、邮电费、煤气费等劳务费的结算，可以使用同城特约委托收款。托收凭证式样如图 2—8 所示。

托收凭证（受理回单）　1

委托日期　年　月　日

业务类型	委托收款（□邮划、□电划）		托收承付（□邮划、□电划）	
付款人	全称		收款人 全称	
	账号		账号	
	地址	省　市县　开户行	地址	省　市县　开户行
金额	人民币（大写）			亿 千 百 十 万 千 百 十 元 角 分
款项内容		托收凭据名称		附寄单证张数
商品发运情况			合同名称号码	
备注： 复核　记账		年　月　日	收款人开户银行签章 年　月　日	

此联作收款人开户银行给收款人的受理回单

图 2—8　托收凭证式样

付款人承付货款时，借记有关账户，贷记“银行存款”账户；收款人收到银行的入账通知时，借记“银行存款”账户，贷记有关账户。

7. 托收承付结算方式

托收承付是根据购销合同由收款人发货后委托银行向异地付款人收取款项，由付款人向银行承认付款的一种结算方式。

使用托收承付结算方式的收款单位和付款单位，必须是国有企业、供销合作社以及经营较好并经开户银行审查同意的城乡集体所有制工业企业。同时使用该结算方式必须是商品交易以及因商品交易而产生的劳务供应的款项。代销、寄销、赊销商品的款项，不得办理托收承付结算。

付款人承付货款时，借记有关账户，贷记“银行存款”账户；收款人收到银行的入账通知时，借记“银行存款”账户，贷记有关账户。

8. 信用卡结算方式

信用卡是指商业银行向个人和单位发行的，凭其向特约单位购物、消费和向银行存取现金，且具有消费信用的特制载体卡片。同城或异地的单位和个人各种款项结算，均可使用信用卡。

信用卡按使用对象分为单位卡和个人卡；凡在中国境内金融机构开立基本存款账户的单位可申领单位卡。单位卡不得用于10万元以上的商品交易、劳务供应款项的结算。单位卡一律不得支取现金。

信用卡丧失，持卡人应立即持本人身份证件或其他有效证明，并按规定提供有关资料，向发卡银行或代办银行申请挂失。发卡银行或代办银行审核后办理挂失手续。

信用卡存款属于其他货币资金，其账务处理见本章第四节。

三、银行存款的核算

银行存款的核算包括银行存款总分类核算和银行存款明细分类核算。

1. 银行存款的总分类核算

为了核算和反映企业存入银行或其他金融机构的各种存款，应设置“银行存款”账户进行核算。该账户借方登记银行存款增加数，贷方登记银行存款减少数，期末余额在借方，反映银行存款的实际结存数。企业应当按照开户银行、其他金融机构、存款种类等设置明细账，进行明细分类核算。

【例2—7】5月2日，信达公司销售甲产品，取得收入5 000元，增值税税额800元，共计5 800元，收到支票交存银行。编制会计分录如下：

借：银行存款　　5 800

　　贷：主营业务收入　　5 000

　　　　应交税费——应交增值税（销项税额）　　800

【例2—8】5月3日，信达公司购买办公用品3 500元，开出转账支票支付款项。编制会计分录如下：

借：管理费用　　3 500

贷：银行存款 3 500

【例 2—9】5 月 8 日，信达公司将库存现金 1 800 元存入银行。编制会计分录如下：

借：银行存款 1 800

贷：库存现金 1 800

2. 银行存款的明细分类核算

为了准确、及时、详细地反映银行存款的收支动态和结存情况，企业应按开户银行、存款种类、币种等设置银行存款日记账进行明细分类核算。银行存款日记账由出纳人员根据审核无误的收付款凭证及所附的原始凭证，按业务发生的先后顺序逐日逐笔登记。每日终了，应计算出当日银行存款的收付款总额及结存数。银行存款日记账应定期与银行对账单核对，至少每月核对一次。企业银行存款账面余额与银行对账单余额之间如有差额，应定期编制银行存款余额调节表进行相应调节。

四、银行存款的清查

1. 清查的内容和方法

为了及时、准确地掌握银行存款实存数，防止银行存款账目发生差错，企业应定期对银行存款进行清查。银行存款的清查方法主要包括以下三项：

（1）银行存款日记账与银行存款收付款凭证互相核对，做到账证相符。

（2）银行存款日记账与银行总账互相核对，做到账账相符。

（3）银行存款日记账与银行对账单互相核对，做到账单相符。

将银行存款日记账与银行对账单进行逐笔核对，如果两者余额不符，可能有两种原因：一是出现未达账项，二是记账错误。

2. 未达账项的概念及种类

未达账项，是企业与银行之间由于收付款结算凭证在传递、接收时间上不一致而导致的一方（企业或者银行）已经入账，另一方尚未入账的款项。未达账项有四种情况：

（1）企业已收款入账，银行尚未收款入账。

（2）企业已付款入账，银行尚未付款入账。

（3）银行已收款入账，企业尚未收款入账。

（4）银行已付款入账，企业尚未付款入账。

3. 银行存款余额调节表的编制

未达账项产生的原因是企业与银行结算凭证的时间不同而造成的入账时间上的差异。因此，月度结束之后，企业可以通过编制银行存款余额调节表进行调节。银行存款余额调节表编制的方法如下：

银行存款日记账余额		银行对账单余额
+银行已收，企业未收的款项	=	+企业已收，银行未收的款项
–银行已付，企业未付的款项		–企业已付，银行未付的款项

【例 2—10】6 月 30 日，信达公司银行存款日记账账面余额为 84 683 元，开户银行送达的银行对账单余额为 75 765 元，经核查，发现有以下几笔未达账项：

（1）企业开出转账支票一张，购买办公用品金额 865 元，已记银行存款减少，银行尚未入账。

（2）企业已送存银行转账支票 17 987 元，已增加银行存款，开户银行尚未入账。

（3）银行代企业收取货款 8 969 元，银行已入账，企业尚未接到通知未入账。

（4）银行代企业支付水费 765 元，银行已入账，企业尚未接到通知未入账。

根据上述资料编制银行存款余额调节表（见表 2—3）。

表 2—3　　银行存款余额调节表　　单位：元

项目	金额	项目	金额
企业银行存款日记账余额	84 683	银行对账单余额	75 765
加：银行已收，企业未收	8 969	加：企业已收，银行未收	17 987
减：银行已付，企业未付	765	减：企业已付，银行未付	865
调节后余额	92 887	调节后余额	92 887

需注意的是，银行存款余额调节表只用于账目核对，对于未达账项无须进行账面调整，待有关凭证到达后再进行账务处理。经调节后余额仍不符，则是企业或银行记账有错漏，应查明原因，进行错账更正。

另外，对于有确凿证据表明银行存款已经部分或全部不能收回的，如吸收存款的单位已宣告破产，其财产不足清偿的部分应作为当期损失，冲减银行存款，借记“营业外支出”账户，贷记“银行存款”账户。

第四节　其他货币资金

一、其他货币资金的概念

其他货币资金是企业除库存现金和银行存款以外的其他各种货币资金，主要包括银行汇票存款、银行本票存款、外埠存款、信用卡存款、信用证保证金存款和存出投资款等。

二、其他货币资金的核算

为了反映和监督其他货币资金的增减变动和结存情况，应设置“其他货币资金”账户。该账户借方登记其他货币资金的增加数，贷方登记其他货币资金的减少数，期末余额在借方，反映企业持有的其他货币资金的实际结存数。该账户按其他货币资金的种类设置明细账，进行明细核算。

1. 银行汇票存款

银行汇票存款是指企业为取得银行汇票按规定存入银行的款项。企业需填写银行汇票申请书并将款项交存银行。汇票使用后如有多余款或因超过付款期未付出的，应按规定及时转回企业。

【例 2—11】信达公司发生如下有关银行汇票存款收付业务：

（1）信达公司向银行申请办理银行汇票用以购买原材料，将款项 150 000 元交存银行，取得银行汇票后，根据银行盖章退回的申请书存根编制会计分录如下：

借：其他货币资金——银行汇票存款　　150 000

　　贷：银行存款　　150 000

（2）企业购入原材料一批，取得的增值税专用发票上注明价款 100 000 元，增值税 16 000 元，已用银行汇票办理结算，材料已验收入库。编制会计分录如下：

借：原材料　　100 000

　　应交税费——应交增值税（进项税额）　　16 000

　　贷：其他货币资金——银行汇票存款　　116 000

（3）收回多余款项退回通知，将余款33 000元收妥入账。编制会计分录如下：

借：银行存款　　33 000

　　贷：其他货币资金——银行汇票存款　　33 000

2. 银行本票存款

银行本票存款是指企业为取得银行本票按规定存入银行的款项。企业办理银行本票，需将款项交存开户银行。本票存款实行全额结算，本票存款额与结算金额的差额一般采用支票或其他方式结清。因银行本票超过付款期限或其他原因要求退款时，应及时转回企业，其账务处理与银行汇票存款基本相同。

【例2—12】信达公司发生如下有关银行本票存款收付业务：

（1）信达公司向银行申请办理银行本票2 340元，企业提交银行本票申请书，并将款项交存银行。取得银行本票后，根据银行盖章退回的申请书存根编制会计分录如下：

借：其他货币资金——银行本票存款　　2 340

　　贷：银行存款　　2 340

（2）收到销货单位发票等凭证，使用银行本票购买办公用品2 340元。编制会计分录如下：

借：管理费用　　2 340

　　贷：其他货币资金——银行本票存款　　2 340

课堂讨论

银行汇票存款与银行本票存款有什么区别吗？

3. 外埠存款

外埠存款是指企业到外地进行临时或零星采购时，委托当地银行汇往采购地银行开立采购专户的款项。银行对临时采购账户一般实行半封闭式管理，即只付不收，付完清户。除采购人员差旅费用可以支取少量现金外，其他支出一律转账。采购结束后有余款的，应将其退回汇款企业开户银行。

【例2—13】信达公司发生如下有关外埠存款收付业务。

（1）采购员到异地采购原材料，委托开户银行汇款100 000元到采购地设立采购专户。编制会计分录如下：

借：其他货币资金——外埠存款 100 000
　　贷：银行存款 100 000

（2）采购员交来从采购专户付款购买材料的有关凭证，增值税专用发票上的材料价款 80 000 元，增值税 12 800 元，货款共计 92 800 元，材料已验收入库。编制会计分录如下：

借：原材料 80 000
　　应交税费——应交增值税（进项税额） 12 800
　　贷：其他货币资金——外埠存款 92 800

（3）收到开户银行的收款通知，该采购专户中的结余款项已经转回。编制会计分录如下：

借：银行存款 7 200
　　贷：其他货币资金——外埠存款 7 200

4. 信用卡存款

信用卡存款是指企业为取得信用卡按规定存入银行信用卡专户的款项。企业应按规定填制申请表，并一律从基本存款账户转账存入。持卡人可持信用卡购货或支付有关费用，但不得支取现金。

【例 2—14】信达公司发生如下有关信用卡收付业务：

（1）信达公司填制信用卡申请书，申请开立 50 000 元额度的信用卡。编制会计分录如下：

借：其他货币资金——信用卡存款 50 000
　　贷：银行存款 50 000

（2）用信用卡支付电话费 2 000 元。编制会计分录如下：

借：管理费用 2 000
　　贷：其他货币资金——信用卡存款 2 000

5. 信用证保证金存款

信用证保证金存款是指采用信用证结算方式的企业为取得信用证而按规定存入银行信用证保证金专户的款项。企业应按规定填写信用证申请书，将信用证保证金交存银行时，应根据银行盖章退回的信用证申请书回单，借记“其他货币资金——信用证保证金”账户，贷记“银行存款”账户。企业接到开证行通知，根据供货单位信用证结算凭证及所附发票账单，借记“材料采购”或“原材料”“库存商品”“应交税费——应交增值税（进项税额）”等账户，贷记“其他货币资金——信用证保证金”账户；将未用完的信用证保证金存款转回开户银行时，借记“银行存款”账户，贷记“其他货币资金——信用证保证金”账户。

6. 存出投资款

存出投资款是指企业已存入证券公司但尚未进行交易性金融投资的现金。

【例2—15】信达公司发生的有关交易性金融资产收付业务：

（1）企业因投资需要向证券公司划出资金80 000元，企业收到银行盖章退回的进账单。编制会计分录如下：

借：其他货币资金——存出投资款　　80 000

　　贷：银行存款　　80 000

（2）购买甲公司股票60 000元（暂不考虑相关税费）。编制会计分录如下：

借：交易性金融资产——股票——甲公司　　60 000

　　贷：其他货币资金——存出投资款　　60 000

知识链接

正确填写票据和结算凭证的基本规定

一、中文大写金额数字填写：壹、贰、叁、肆、伍、陆、柒、捌、玖、拾、佰、仟、万、亿、元、角、分、零、整（正）。

二、中文大写金额数字到“元”为止的，在“元”之后，应写“整”（或“正”）字；在“角”之后或“分”后面可以不写“整”（或“正”）字。

三、中文大写金额数字前应标明“人民币”字样，大写金额数字应紧接“人民币”字样填写，不得留有空白。大写金额数字前未印“人民币”字样的，应加填“人民币”三字。

四、阿拉伯小写金额数字中间有“0”时，中文大写金额要写“零”字。如中间连续几个“0”时，中文大写金额中间可以只写一个“零”字。

五、阿拉伯小写金额数字前面，均应填写人民币符号“¥”。

六、票据出票日期必须使用中文大写。在填写月、日时，月为壹、贰和壹拾的，日为壹至玖和壹拾、贰拾和叁拾的，应在其前加“零”；日为拾壹至拾玖的，应在其前面加“壹”。如1月15日，应写成零壹月壹拾伍日。再如10月20日，应写成零壹拾月零贰拾日。

七、票据出票日期使用小写填写的，银行不予受理。大写日期未按要求规范填写的，银行可予受理，但由此造成损失的，由出票人自行承担。

练习题

一、填空题

1. ______是出票人签发的，委托付款人在指定日期无条件支付确定的金额给收款人或者持票人的票据。

2. 银行存款日记账由________登记。

3. 支票的提示付款期限自出票日起________天，但中国人民银行另有规定的除外。

4. 根据规定，企业在银行开立的账户一般分为_______、________、_______、_______四种。

5. 库存现金清查，应采用________核对库存现金实有数与账存数。

二、单选题

1. 根据规定，下列经济业务中不能用现金支付的是（　　）。

A. 支付职工奖金 3 000 元

B. 支付采购款 1 500 元

C. 支付职工差旅费 2 500 元

D. 支付零星办公用品购置费 500 元

2. 企业现金清查中，经检查仍无法查明原因的现金溢余，经批准后应记入（　　）账户。

A. 其他应付款　　B. 管理费用

C. 营业外收入　　D. 其他应收款

3. 企业现金清查中，经检查仍无法查明原因的现金短款，经批准后应记入（　　）账户。

A. 管理费用　　B. 财务费用

C. 营业外收入　　D. 营业外支出

4. 下列各项中不会引起其他货币资金发生变动的是（　　）。

A. 企业销售商品收到商业汇票

B. 企业用银行本票购买办公用品

C. 企业将款项汇往外地开立采购专用账户

D. 企业为购买基金将资金存入在证券公司指定银行开立账户

5. 企业只能在一家金融机构开设一个（　　）。

A. 一般存款账户　　B. 专用存款账户

C. 临时存款账户　　D. 基本存款账户

三、业务题

1. 甲公司 2 月份发生下列库存现金业务：

（1）开出现金支票，从银行提取现金 50 000 元。

（2）企业管理部门用现金购买办公用品 800 元。

（3）业务员李某出差借差旅费 5 000 元。

（4）业务员李某出差归来，报销差旅费 4 850 元，余款 150 元交回。

要求：根据上述资料编制会计分录。

2. 甲公司为增值税一般纳税人，向银行申请办理银行汇票用以购买原材料，将款项 25 000 元交存银行转作银行汇票存款。

（1）收到盖章退回的申请书存根联。

（2）甲公司购入原材料一批，取得的增值税专用发票上的原材料价款为 20 000 元，增值税税额为 3 200 元，已用银行汇票办理结算，多余款项 1 800 元退回开户银行，企业已收到开户银行转来的银行汇票收账通知单。

要求：根据上述资料编制会计分录。

3. 甲公司 3 月 31 日银行存款日记账的余额为 540 000 元，银行对账单的余额为 830 000 元。经逐笔核对，发现以下未达账项：

（1）企业送存转账支票 600 000 元，并已登记银行存款增加，但银行尚未记账。

（2）企业开出转账支票 450 000 元，并已登记银行存款减少，但持票单位尚未到银行办理转账，银行尚未记账。

（3）企业委托银行代收某公司购货款 480 000 元，银行已收妥并登记入账，但企业尚未收到收款通知，尚未记账。

（4）银行代企业支付电话费 40 000 元，银行已登记减少企业银行存款，但企业未收到银行付款通知，尚未记账。

要求：根据上述资料编制银行存款余额调节表。

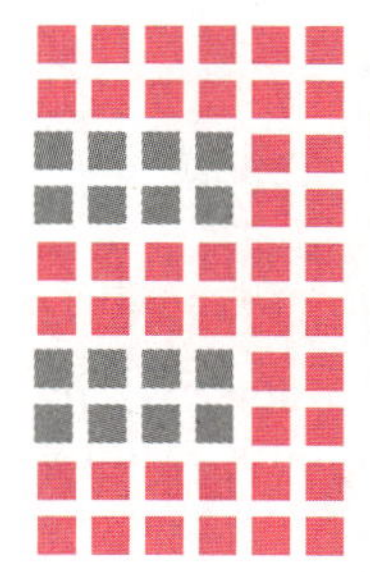

第三章 应收及预付款项

学习目标

- 了解应收账款的概念、确认和初始计量
- 掌握应收账款的核算
- 了解应收票据的概念、确认和初始计量
- 掌握应收票据的核算
- 掌握预付账款及其他应收款的核算
- 了解坏账及坏账损失的概念及确认条件
- 掌握坏账损失的核算方法

第一节 应收账款

一、应收账款的概念

应收账款是指企业因销售商品、提供劳务等经营活动，应向购货单位或接受劳务单位收取的款项，主要包括企业销售商品或提供劳务等应向有关债务人收取的价款及代购货单位垫付的包装费、运杂费等。

应收账款有其特定的范围，企业在非购销活动中产生的应收款项，如企业与外单位之间的各种应收赔款、罚款、存出保证金，以及企业应向职工收取的各种垫付款项等，不列为应收账款。

二、应收账款的确认与初始计量

1. 应收账款的确认

应收账款通常是因为赊销业务而产生的，因此其确认应与收入的确认一致，即以收入确认的时间作为应收账款的入账时间。

2. 应收账款的初始计量

应收账款的初始计量应根据交易实际发生的金额入账，既包括销售商品、产品或提供劳务应收取的价款和增值税，也包括代购货单位垫付的运杂费、包装费等。由于企业在商品销售时可能实行折扣的办法，会不同程度地影响应收账款和相应销售收入的计价，所以企业对应收账款的计量还需考虑商业折扣和现金折扣等因素的影响。

（1）商业折扣

商业折扣是指企业为促进销售而在商品标价上给予的扣除，通常用折扣率5%、10% 来表示。例如，企业为鼓励买主购买更多的商品而规定购买 10 件以上者给予 10% 的折扣，或每买 10 件送 1 件；企业为尽快出售一些残次、陈旧的商品而进行降价销售等。企业以扣除商业折扣后的净额确认应收账款的入账价值。

（2）现金折扣

现金折扣是指债权人为鼓励债务人在规定的期限内付款，而向债务人提供的债务扣除。现金折扣通常发生在以赊销方式销售商品、提供劳务的交易中。企业为了鼓励客户提前偿付货款，通常与债务人达成协议，债务人在不同期限内付款可享受不同比例的折扣。现金折扣一般用“折扣 / 付款期限”表示。例如，“2/10，1/20，n/30”表示买方在 10 天内付款可按售价给予 2% 的折扣，在第 11~20 天内付款按售价给予 1% 的折扣，在第 21~30 天内付款则不给折扣。

在存在现金折扣的情况下，应收账款入账价值的确定有两种方法：一种是总价法，另一种是净价法。

1）总价法。总价法是将扣减现金折扣前的金额作为应收账款入账价值的处理方法。现金折扣只有客户在折扣期内付款时才予以确认，并将它视为一项企业融资的理财费用，在会计上作为财务费用处理。我国《企业会计准则》规定，企业应收账款的入账价值，应按总价法确定。

2）净价法。净价法是将扣减现金折扣后的金额作为应收账款入账价值的处理方法。这种方法是把客户为取得现金折扣而在折扣期内付款视为正常现象，而将客户由于超过折扣期限而多取得的收入的金额视为提供信贷获得的收入，于收到账款时作为利息收入入账，冲减财务费用。

三、应收账款的核算

为了反映应收账款的发生及收回情况，企业应设置“应收账款”账户。该账户借方登记应收账款的增加，贷方登记应收账款的收回、改用商业汇票结算及转销为坏账的数额。期末余额在借方，反映企业尚未收回的应收账款。如期末余额为贷方，则反映预收的应收账款。该账户应按不同的购货单位或接受劳务的单位设置明细账，进行明细核算。

1. 一般销售

【例 3—1】2018 年 5 月 5 日，信达公司销售给甲公司一批产品，发票上注明的价款为 10 000 元，增值税为 1 600 元。另外，该公司用银行存款代垫运杂费为 200 元。货已发出，款未收到。编制会计分录如下：

会计分录	借方	贷方
借：应收账款——甲公司	11 800	
贷：主营业务收入		10 000
应交税费——应交增值税（销项税额）		1 600
银行存款		200

2. 商业折扣

【例 3—2】信达公司向乙公司销售一批产品，价目表上标明的价格为 20 000 元，由于是老客户，公司给予 10% 的商业折扣，金额为 2 000 元，企业开出的发票上标明的价款为 18 000 元，增值税为 2 880 元。货已发出，款未收到。编制会计分录如下：

借：应收账款——乙公司　　20 880
　贷：主营业务收入　　18 000
　　应交税费——应交增值税（销项税额）　　2 880

3. 现金折扣

【例 3—3】2018 年 6 月 1 日，信达公司销售给丙公司一批产品，发票上注明的价款为 50 000 元，增值税为 8 000 元，双方商定的付款条件为“2/10，1/20，n/30”，假设计算折扣时不考虑增值税问题。

（1）6 月 1 日销售产品时，编制会计分录如下：

借：应收账款——丙公司　　58 000
　贷：主营业务收入　　50 000
　　应交税费——应交增值税（销项税额）　　8 000

（2）6 月 7 日收到丙公司款项，在 10 日内付款享受 2% 的折扣，折扣额为 1 000 元（50 000 × 2%）。编制会计分录如下：

借：银行存款　　57 000
　财务费用　　1 000
　贷：应收账款——丙公司　　58 000

（3）如果于 6 月 18 日收到丙公司款项，已超出 10 天但未超出 20 天的付款享受 1% 的折扣，折扣额为 500 元（50 000 × 1%）。编制会计分录如下：

借：银行存款　　57 500
　财务费用　　500
　贷：应收账款——丙公司　　58 000

（4）如果于 6 月 30 日收到丙公司款项，则不能享受现金折扣优惠，需全额支付。编制会计分录如下：

借：银行存款　　58 000
　贷：应收账款——丙公司　　58 000

第二节 应收票据

一、应收票据的概念

应收票据是指企业因销售商品、提供劳务等而收到的商业汇票。企业持有的商业汇票按承兑人不同，分为商业承兑汇票和银行承兑汇票；按是否带息，分为带息商业汇票和不带息商业汇票。不带息商业汇票是指汇票到期时，承兑人只按票面金额（面值）向收款人或被背书人支付款项的汇票。带息商业汇票是指汇票到期时，承兑人必须按票面金额加上应计利息向收款人或被背书人支付款项的汇票。

二、应收票据的确认和初始计量

应收票据应于收到开出、承兑的商业汇票时予以确认。企业收到开出、承兑的商业汇票无论是否带息，均按应收票据的票面价值入账。带息商业汇票应于期末按票据的票面价值和确定的利率计提利息，并同时计入当期损益，列为财务费用。

知识链接

根据我国现行法律的规定，商业汇票的付款期限不得超过6个月，应收票据仅限于商业汇票，不包括银行汇票、支票、信用证等。

三、应收票据的核算

1. 应收票据取得和到期收回

为了反映应收票据的取得和收回情况，企业应设置“应收票据”账户。该账户借方登记取得商业汇票的票面金额和应计利息，贷方登记到期收回票款或到期前向银行贴现的应收票据或背书转让的应收票据的票面金额和应计利息。期末余额在借方，反映企业持有的商业汇票的票面金额和应计利息。该账户应按不同的单位分别设置明细账，进行明细核算。

（1）不带息应收票据的核算

企业收到不带息的应收票据时，按票面金额，借记“应收票据”账户，按确认的营业收入，贷记“主营业务收入”账户，按增值税发票上注明的增值税税额，贷记“应交税费——应交增值税（销项税额）”账户 。应收票据到期收回时，按票面金额，借记“银行存款”账户，贷记“应收票据”账户。应收票据到期，因付款人无力支付不能收回时，应转入“应收账款”账户核算。

【例 3—4】2018 年 5 月 5 日，信达公司向丙公司销售一批产品，货款为 50 000 元，增值税为 8 000 元，收到一张不带息的面值为 58 500 元、期限为 3 个月的商业承兑汇票。编制会计分录如下：

（1）确认收入，收到票据

	借方	贷方
借：应收票据——丙公司	58 000	
贷：主营业务收入		50 000
应交税费——应交增值税（销项税额）		8 000

（2）3 个月后，应收票据到期收回票款存入银行

	借方	贷方
借：银行存款	58 000	
贷：应收票据——丙公司		58 000

（3）如果 3 个月后丙公司无力偿付票款

	借方	贷方
借：应收账款——丙公司	58 000	
贷：应收票据——丙公司		58 000

（2）带息应收票据的核算

如果是带息票据，到期收回时的票款等于应收票据票面价值加上应收票据利息，其中利息是按照票据上载明的利率和期限计算的。计算公式如下：

票据到期价值 = 应收票据票面价值 + 应收票据利息

应收票据利息 = 应收票据票面价值 × 利率 × 期限

公式中的“利率”一般以“年利率”表示，公式中的“期限”是指从票据签发日至到期日的时间间隔。票据的期限分为按月表示和按日表示两种。

知识链接

1. 票据期限按月表示

如月中签发的票据，不考虑各月份实际天数为多少，统一按到期月份相同的那一日为整月计算，即以到期月份中与出票日相同的那一天为到期日。例如，2月15日签发期限为3个月的票据，其到期日应为5月15日。

如月末签发的票据，不论月份大小，统一以到期月份的最后一日为到期日。例如，1月31日签发期限分别为1个月和3个月的票据，其到期日应分别为2月28日（闰年为2月29日）和4月30日。

需要注意的是，计算利息时使用的年利率一定要换算成月利率（年利率 ÷12）。

2. 票据期限按日表示

统一按票据的实际天数计算，但是通常出票日和到期日只能算其中一天，也就是“算头不算尾”或“算尾不算头”。例如，1月31日（假设当年2月为28天）签发期限为30天的票据，其到期日应为3月2日。同样，计算利息时要将年利率换算成日利率（年利率 ÷360）。

对于尚未到期的带息应收票据，企业应在期末按应收票据的票面价值和确定的利率计提利息，计提的利息增加应收票据的账面余额，同时冲减当期财务费用。

【例3—5】2018年9月1日，信达公司向甲公司销售一批产品，价款100 000元，增值税为16 000元。收到一张甲公司签发的面值为116 000元、期限为6个月的商业承兑汇票，票面利率为6%。编制会计分录如下：

（1）2018年9月1日收到票据

借：应收票据——甲公司　　116 000

　　贷：主营业务收入　　100 000

　　　　应交税费——应交增值税（销项税额）　　16 000

（2）2018年12月31日年度终了，计提票据利息

票据利息 =116 000×6%÷12×4=2 320（元）

借：应收票据——甲公司　　2 320

　　贷：财务费用　　2 320

（3）2019 年 3 月 1 日票据到期收回款项

收回金额 =116 000×（1+6%÷12×6）=119 480（元）

2019 年计提票据利息 =116 000×6%÷12×2=1 160（元）

借：银行存款　　119 480

　　贷：应收票据——甲公司　　118 320

　　　　财务费用　　1 160

2. 应收票据背书转让

应收票据背书转让是指企业如果需要采购物资或抵偿债务，眼下又无足够的货币资金时，可将持有的、未到期的商业汇票背书转让给其他企业或者是个人的一种业务活动。背书是指持票人在票据背面签字，签字人称为背书人，背书人对于票据的到期付款负有连带责任。

企业将持有的商业汇票背书转让以取得所需物资时，按应计入取得物资成本的金额，借记“材料采购”或“原材料”“库存商品”等账户，按可抵扣的增值税额，借记“应交税费——应交增值税（进项税额）”账户，按商业汇票的票面金额，贷记“应收票据”账户，如有差额，借记或贷记“银行存款”等账户。将持有的应收票据背书转让时，应按票面金额结转。如为带息票据，还应将尚未计提的利息冲减财务费用。

【例 3—6】2018 年 6 月 8 日，信达公司向乙公司购入一批原材料，增值税专用发票注明价款为 200 000 元，增值税为 32 000 元。信达公司用之前取得的丙公司开出的为期 3 个月面值为 200 000 元的不带息商业承兑汇票抵付原材料款，差额款 32 000 元以银行存款支付，原材料已验收入库。编制会计分录如下：

借：原材料　　200 000

　　应交税费——应交增值税（进项税额）　　32 000

　　贷：应收票据——丙公司　　200 000

　　　　银行存款　　32 000

【例 3—7】2018 年 5 月 1 日，信达公司向乙公司购入一批原材料，增值税专用发票注明价款为 12 000 元，增值税为 1 920 元。信达公司将 2017 年 12 月 1 日取得甲公司开出的为期 6 个月面值为 10 000 元、票面利率为 12% 的商业承兑汇票抵付原材料款，差额部分以银行存款支付。编制会计分录如下：

（1）2017 年 12 月 31 日计提利息

10 000×12%÷12×1=100（元）

（2）2018 年 5 月 1 日进行支付

借：原材料 12 000

应交税费——应交增值税（进项税额） 1 920

贷：应收票据——甲公司 （10 000+100）10 100

财务费用 （10 000×12%÷12×4）400

银行存款 3 420

3. 应收票据贴现

应收票据贴现是指持票人为解决临时的资金需要，将尚未到期的应收票据在背书后送交银行，银行受理后从票据价值中扣除按银行贴现率计算确定的贴现利息，将余额兑付给持票人，作为银行对企业的短期贷款。其实质是企业以票据为抵押融通资金的一种信贷形式。

用应收票据向银行申请贴现时，持票人必须在票据上背书。票据贴现日至到期日的间隔期成为贴现天数，但通常贴现日与到期日两天中，只计算其中的一天。票据到期值与贴现收到金额之间的差额，叫贴息或贴现息，其计算公式为：

贴现天数 = 贴现日至到期日实际天数 –1

贴现息 = 票据到期值 × 贴现率 ÷360（或 12）× 贴现天数（或月数）

贴现净额 = 票据到期值 – 贴现息

企业将未到期的应收票据向银行申请贴现，应按实际收到的金额（即减去贴现息后的净额），借记“银行存款”账户，按贴现息金额，借记“财务费用”账户，按应收票据的票面金额，贷记“应收票据”账户，如为带息应收票据，按其差额，借记或贷记“财务费用”账户。

【例 3—8】2018 年 4 月 1 日，信达公司将持有甲公司出票日期为 3 月 1 日、期限为 3 个月、面值为 200 000 元的不带息商业承兑汇票到银行贴现。信达公司与承兑人均在同一区域，银行年贴现率为 10%。编制会计分录如下：

贴现天数 =（30+31+1）–1=61（天）

贴现息 =200 000×10%÷360×61=3 388.89（元）

贴现净额 =200 000–3 388.89=196 611.11（元）

借：银行存款　　　　196 611.11

　　财务费用　　　　3 388.89

　　贷：应收票据——甲公司　　　　200 000

【例 3—9】承【例 3—8】，假设贴现的票据为带息的商业汇票，票面年利率为 8%。编制会计分录如下：

票据到期值 =200 000×（1+8%÷12×3）=204 000（元）

贴现天数 =（30+31+1）−1=61（天）

贴现息 =204 000×10%÷360×61=3 456.67（元）

贴现净额 =204 000−3 456.67=200 543.33（元）

借：银行存款　　　　200 543.33

　　贷：应收票据——甲公司　　　　200 000

　　　　财务费用　　　　543.33

已贴现的商业汇票到期，如果付款人无力付款，系银行承兑汇票的，由承兑银行支付票款，对收款企业是没有直接影响的；系商业承兑汇票的，贴现银行要向贴现申请人（即收款企业）退票扣款。申请贴现的企业收到银行退回的应收票据、支款通知和拒绝付款理由书或付款人未付票款通知书，按应付金额，借记“应收账款”账户，贷记“银行存款”账户；如果贴现申请人（即收款企业）的银行存款账户余额不足，银行作逾期贷款处理，应按票款的本息，借记“应收账款”账户，贷记“短期借款”账户。

【例 3—10】承【例 3—8】，信达公司 3 月 1 日收到甲公司商业承兑汇票，4 月 1 日贴现，6 月 1 日到期，甲公司因财务状况不佳无力支付票款，贴现银行将票据退还信达公司，同时从信达公司账户中将 200 000 元划回。编制会计分录如下：

借：应收账款——甲公司　　　　200 000

　　贷：银行存款　　　　200 000

如果信达公司存款账户无款可扣，则应记：

借：应收账款——甲公司　　　　200 000

　　贷：短期借款　　　　200 000

第三节 预付账款及其他应收款

一、预付账款

1. 预付账款的概念

预付账款是企业按购货合同规定预先支付给供应单位的款项。预付账款属于企业的一项短期性债权，主要包括：①企业预付的购货款；②购货或接受劳务预付的定金（或订金）；③在建工程预付的工程款等。

2. 预付账款的核算

企业的预付账款，应设置“预付账款”账户进行核算。该账户借方登记预付和收货后补付的款项，贷方登记收到所购货物的应付金额和对方退回的多付款项。期末如为借方余额，反映企业实际预付的款项；期末如为贷方余额，反映企业尚未补付的款项。该账户应按供应单位设置明细账户，进行明细核算。

预付款项不多的企业，可以不设“预付账款”账户，而将预付的款项并入“应付账款”账户进行核算。

【例 3—11】信达公司向甲公司采购材料，按合同预付货款 20 000 元，以银行存款支付。编制会计分录如下：

	借方	贷方
借：预付账款——甲公司	20 000	
贷：银行存款		20 000

【例 3—12】承【例 3—11】，信达公司收到甲公司发来的原材料，增值税专用发票列明材料价款 30 000 元，增值税 4 800 元，材料已验收入库。编制会计分录如下：

	借方	贷方
借：原材料	30 000	
应交税费——应交增值税（进项税额）	4 800	
贷：预付账款——甲公司		34 800

【例 3—13】信达公司用银行存款补付货款 14 800 元。编制会计分录如下：

	借方	贷方
借：预付账款——甲公司	14 800	
贷：银行存款		14 800

课堂讨论

1. 假定【例 3—13】中，信达公司收到所购材料后，因缺乏货币资金，差价款无力及时补付，则“预付账款”账户的余额在哪方？表示什么？

2. 预付账款产生主要有哪些原因？

企业进行在建工程预付的工程价款，借记“预付账款”账户，贷记“银行存款”等账户，按工程进度结算工程价款，借记“在建工程”账户，贷记“预付账款”“银行存款”等账户。

二、其他应收款

1. 其他应收款的概念

其他应收款是指除应收账款、应收票据、预付账款以外的其他各种应收、暂付款项等。其主要内容包括：

（1）应收的各种赔偿款、罚款，如因企业财产遭受意外损失而应向有关保险公司收取的赔款等。

（2）应收出租包装物的租金。

（3）应向职工收取的各种垫付款项，如为职工垫付的水电费，应由职工负担的医药费等。

（4）备用金，如向企业有关部门拨付的备用资金。

（5）存出保证金，如向外单位租入包装物所支付的保证金。

（6）其他各种应收、暂付的款项。

2. 其他应收款的核算

为了反映和监督其他应收款的发生和结算情况，企业应设置“其他应收款”账户进行核算。该账户借方登记其他应收款的发生数额，贷方登记其他应收款的收回或转销。期末余额在借方，反映尚未收回的其他应收款。该账户应按其他应收款的项目和对方单位（或个人）设置明细账户，进行明细核算。

【例 3—14】因自然灾害，造成信达公司的材料毁损，保险公司确认赔偿损失 60 000 元，款项尚未收到。编制会计分录如下：

借：其他应收款——应收保险赔款　60 000

　　贷：待处理财产损溢——待处理流动资产损溢　60 000

以后收到赔款时，编制会计分录如下：

借：银行存款　60 000

　　贷：其他应收款——应收保险赔款　60 000

【例 3—15】信达公司租入一批包装物，用银行存款向出租方支付押金 6 000 元。编制会计分录如下：

（1）支付押金

借：其他应收款——出租方　6 000

　　贷：银行存款　6 000

（2）收到出租方退还的押金

借：银行存款　6 000

　　贷：其他应收款——出租方　6 000

知识链接

备用金的管理制度一般有两种：一是定额备用金制度，适用于有经常性费用开支的内部用款单位；二是随借随用、用后报销制度，适用于不经常使用备用金的单位和个人。

定额备用金制度的特点是对经常使用备用金的部门，核定其备用金定额。按定额拨付现金时，借记“其他应收款——备用金”账户或“备用金”账户，贷记“库存现金”或“银行存款”账户。报销时，财会部门根据报销单据付给现金，补足备用金定额。报销的金额直接借记有关科目，贷记“库存现金”账户，不需要通过“其他应收款”或“备用金”账户核算。

第四节　坏账及坏账损失

一、坏账及坏账损失的概念

在市场经济条件下，由于企业经营状况的不确定性，企业的应收账款可能会发生不能全部收回的情况，即可能发生坏账。坏账是指企业确实无法收回或收回的可能性极小的应收账款。由于发生坏账而产生的损失，称为坏账损失。

二、坏账的确认条件

企业的应收账款有确凿证据表明确实无法收回的，应确认为坏账。一般而言，企业应收账款符合下列条件之一时，应确认为坏账：

1. 债务人被依法宣告破产、撤销，其剩余财产确实不足清偿的应收账款。

2. 债务人死亡或依法被宣告死亡、失踪，其财产或遗产确实不足清偿的应收账款。

3. 债务人逾期未履行偿债义务超过三年仍然不能收回的应收账款。

4. 债务人遭受重大自然灾害或意外事故，损失巨大，以其财产（包括保险赔款等）确实无法清偿的应收账款。

三、坏账损失的核算

1. 坏账损失的核算方法

企业应收账款的坏账损失应采用备抵法进行核算。备抵法是采用一定的方法按期（年）估计坏账损失，形成坏账准备，当某一应收账款全部或部分被确认为坏账时，根据其金额冲减坏账准备，同时转销相应的应收款项的一种方法。

2. 坏账准备计提的范围

企业应收款项包括应收票据、应收账款及其他应收款、预付账款等，确认发生减值的，均应按规定计提坏账准备。

3. 坏账准备的核算账户

我国《企业会计准则》规定，企业只能采用备抵法核算坏账损失，计提坏账准备的方法和提取比例可由企业自行确定。为核算企业提取的坏账准备，企业应设置“坏账准备”账户，该账户是应收账款的备抵账户。贷方登记按期计提的坏账准备和已核销又予以收回的坏账，借方登记已确认的坏账和转回多计提坏账准备；期末余额在贷方，反映企业已提取但尚未转销的坏账准备。“坏账准备”账户可按应收款项类别设置明细账，进行明细分类核算。

4. 坏账准备计提的方法及账务处理

备抵法下，企业计提坏账准备的方法有应收账款余额百分比法、销货百分比法、账龄分析法、个别认定法等。企业可以根据具体情况，自行选择确定，计提方法一经确定，不得随意变更。

（1）应收账款余额百分比法

应收账款余额百分比法是根据会计期末应收账款的余额与估计的坏账率，计算当期应估计的坏账损失、计提坏账准备的方法。坏账准备提取比例由企业自行确定。

当期应计提的坏账准备 = 期末应收账款余额 × 坏账准备提取率

本期实际提取的坏账准备 = 当期应计提的坏账准备 − “坏账准备”账户贷方余额（或 + “坏账准备”账户借方余额）

【例 3—16】信达公司从 2018 年开始计提坏账准备，2018 年年末应收账款的余额为 400 000 元，该公司提取坏账准备的比例为 3%。编制会计分录如下：

（1）2018 年年末坏账准备提取额为：

400 000×3%=12 000（元）

借：信用减值损失——计提的坏账准备　　12 000

　　贷：坏账准备——应收账款　　12 000

（2）2019 年，公司发现有 14 000 元的应收账款无法收回，按规定确认为坏账损失：

借：坏账准备——应收账款　　14 000

　　贷：应收账款　　14 000

（3）2019 年年末，该公司应收账款余额为 490 000 元。按本年年末应收账款余额应保持的坏账准备金额（即坏账准备的余额）为：

490 000×3%=14 700（元）

本期实际提取的坏账准备 =14 700−（12 000−14 000）=16 700（元）

借：信用减值损失——计提的坏账准备　　16 700

　　贷：坏账准备——应收账款　　16 700

（2）销货百分比法

销货百分比法是根据赊销金额的一定百分比来估计坏账损失的方法。企业可以根据过去的经验和有关资料，估计坏账损失与赊销金额之间的比率，也可以用其他更合理的方法进行估计。

估计坏账百分比 = 估计坏账 ÷ 估计赊销额 ×100%

在采用销货百分比法情况下，企业应根据生产经营及销售政策的变化情况，及时调整坏账百分比，以使其计提的坏账准备较符合企业坏账损失的实际情况。其有关账务处理与应收账款余额百分比法基本一致。

（3）账龄分析法

账龄分析法是根据应收账款账龄的长短来估计坏账损失的方法。账龄指的是客户所欠账款时间的长短。采用这种方法，将企业的应收账款按账龄分类排列，加以分析，可以确定坏账准备金额。确定的方法按各类账龄分别估计其可能成为坏账的部分。

【例 3—17】2017 年 12 月 31 日，信达公司应收账款账龄分析和估计坏账损失见表 3—1。

表 3—1　　应收账款账龄分析表　　单位：元

应收账款账龄	应收账款金额	估计损失率（%）	估计损失金额
未到期	160 000	0.5	800
逾期 1 年内	120 000	1	1 200
逾期 1 年以上、2 年以下	80 000	2	1 600
逾期 2 年以上、3 年以下	40 000	3	1 200
逾期 3 年以上	20 000	5	1 000
合计	420 000		5 800

从表 3—1 中可以看出，该公司 2017 年 12 月 31 日估计的坏账损失为 5 800 元，所以“坏账准备”账户的账面余额应为 5 800 元。

假设在估计坏账损失前，“坏账准备”账户的贷方余额为 3 000 元，则该企业还应计提 2 800 元（5 800−3 000）。编制会计分录如下：

借：信用减值损失——计提的坏账准备　　2 800

　　贷：坏账准备——应收账款　　2 800

假设在估计坏账损失前，“坏账准备”账户的贷方余额为 6 200 元，则该企业应冲减 400 元（6 200−5 800）。编制会计分录如下：

借：坏账准备——应收账款　　400

　　贷：信用减值损失——计提的坏账准备　　400

（4）个别认定法

个别认定法是指根据每一笔应收账款的情况来估计坏账损失的方法。

练习题

一、填空题

1. 应收账款通常是因为______而产生的，因此，其入账确认时间与销售收入的实现时间一致。

2. 商业汇票按其是否载明利率，分为______商业汇票和______商业汇票。

3. 商业汇票______可理解为企业以票据为担保向银行取得短期贷款。

4. 企业无法收回的应收账款称为______。

5. 在我国会计实务中，不论票据是否带息，企业收到票据时一律按照票据的______入账。

二、单选题

1. 如果一张票据的出票日期为 6 月 28 日，期限为 60 天，则其到期日为（　　）。

A. 8 月 28 日　B. 8 月 30 日　C. 8 月 27 日　D. 8 月 29 日

2. 某企业 10 月 10 日将一张面值为 10 000 元、出票日为 9 月 20 日、票面利率 6%、期限 30 天的票据向银行贴现，贴现率为 8%，则该票据的贴现息为（　　）元。

A. 22.22　B. 66.66　C. 22.33　D. 67

3. 应收账款应按（　　）入账。

A. 估计金额　B. 双方协商的金额

C. 计划金额　D. 实际发生的金额

4. 企业按规定提取的坏账准备，应记入（　　）账户。

A. 信用减值损失　B. 财务费用

C. 营业外支出　D. 制造费用

5. 预付账款不多的企业，可以不设“预付账款”账户，而将预付账款记入（　　）。

A. “应收账款”账户的借方　B. “应收账款”账户的贷方

C. “应付账款”账户的借方　D. “应付账款”账户的贷方

三、业务题

1. 甲公司销售给乙公司一批商品，货款为 30 000 元，增值税为 4 800 元，另外，该公司用银行存款代垫运杂费为 500 元。货已发出，款未收到。

2. 甲公司于 2018 年 5 月 1 日销售给乙公司一批商品，货款为 10 000 元，增值税为 1 600 元，销售合同中规定付款条件为 2/10，1/20，n/30（不考虑增值税的影响），甲公司于 5 月 9 日收到货款。

3. 甲公司于 2018 年 5 月 1 日向乙公司销售一批产品，货款为 20 000 元，增值税为 3 200 元，收到乙公司签发的一张面值为 23 200 元、期限为 90 天的银行承兑汇票，票面利率为 8%。

4. 甲公司于 2018 年 4 月 20 日将其 3 月 20 日取得的面值为 30 000 元、年利率为 8%、期限为 6 个月的商业承兑汇票贴现给银行，贴现率为 10%。

5. 甲公司采用应收账款余额百分比法从 2014 年开始计提坏账准备，2014 年年末应收账款余额为 500 000 元，2015 年年末应收账款余额为 1 250 000 元，该年未发生坏账损失。2016 年 7 月，甲公司确认一笔金额为 8 000 元的坏账，2016 年 12 月已核销的坏账又收回 3 000 元，2016 年年末应收账款余额为 1 000 000 元。甲公司提取坏账准备的比例为 3%。

要求：根据以上资料计算并编制会计分录。

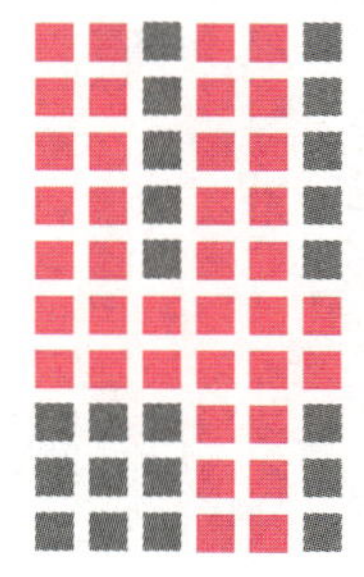

第四章 存货

学习目标

- 了解存货的概念、特征、分类、确认条件
- 掌握取得存货的计价方法
- 掌握发出存货的计价方法
- 掌握计划成本法与存货估价法
- 熟悉包装物和低值易耗品
- 掌握存货的期末计量方法
- 掌握存货的清查方法

第一节 存货概述

一、存货的概念

存货是指企业在日常活动中持有以备出售的产成品或商品，处在生产过程中的在产品，在生产过程中或提供劳务过程中耗用的材料、物料等。存货主要包括库存的、加工中的或在途的各类材料、商品、在产品、半成品、产成品、委托加工物资等。

二、存货的特征

存货与其他资产相比，主要有以下特征：

1. 存货是一种具有物质实体的有形资产

存货包括原材料、在产品、产成品及商品、周转材料等各类具有物质实体的材料物资，因而有别于金融资产、无形资产等无实物形态的资产。

2. 存货属于流动资产，具有较强的流动性

存货通常将在一年或超过一年的一个营业周期内被销售或耗用，并不断地被重置，因而属于一项流动资产，具有较强的变现能力和流动性，因而有别于固定资产、在建工程等具有物质实体的非流动资产。

3. 持有存货的目的是在正常生产经营过程中被销售或耗用

企业持有存货的目的在于准备在正常经营过程中予以出售，如商品、产成品及准备出售的半成品等；或者仍处在生产过程中，待制成产成品后予以出售，如在产品、半成品等；或者将在生产过程中或提供劳务过程中被耗用，如材料、物料、周转材料等。

课堂讨论

工业企业自行建造工程而储备的工程物资，为什么不能作为企业的存货？

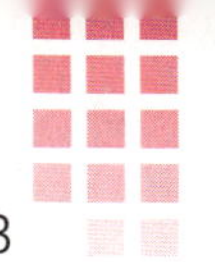

4. 存货具有时效性和潜在损失的可能性

存货通常能够在正常生产经营过程中被销售或耗用，并最终转换为货币资金。当存货长期不能被销售或耗用时，就有可能变为积压物资或者需要降价销售，给企业带来损失。

三、存货的分类

存货是企业的一项重要资产，在资产总额中占较大的比重，不同企业都有不同种类的存货，为了满足存货管理与核算的需要，应当对存货进行适当的分类。

1. 存货按经济内容分类

（1）原材料

原材料是指企业在生产经营过程中经加工改变其形态或性质并构成产品主要实体的各种原料及主要材料、辅助材料、燃料、修理用备件（备品备件）、包装材料、外购半成品（外购件）等。但为建造固定资产等各项工程而储备的各种原材料除外（不符定义之持有目的）。

（2）周转材料

周转材料是指企业能够多次使用、逐渐转移其价值但仍保持原有形态不确认为固定资产的材料，如包装物和低值易耗品。其中，包装物是指为了包装本企业商品而储备的各种包装容器，如桶、箱、瓶、坛、袋等。低值易耗品是指单位价值相对较低、使用期限相对较短，或在使用过程中容易损坏，因而不能确认为固定资产的各种用具物品，如工具、管理用具、玻璃器皿和劳动保护用品，以及在经营过程中周转使用的容器等。

（3）在产品

在产品是指企业正在制造尚未完工的生产物，包括正在各个生产工序加工的产品和已加工完毕但尚未检验或已检验但尚未办理入库手续的产品。

（4）半成品

半成品是指企业经过一定生产过程并检验合格交付半成品仓库保管，但尚未制造完工成为产成品，仍需进一步加工的中间产品。

（5）产成品

产成品是指企业已经完成全部生产过程并已验收入库，可以按照合同规定的条件送交订货单位，或者可以作为商品对外销售的产品。

（6）商品

商品是指商品流通企业外购或委托加工完成验收入库用于销售的各种产品。

2. 存货按存放地点分类

（1）库存存货

库存存货是指已经运到企业，并已验收入库的各种材料、商品及已验收入库的自制半成品和产成品等。

（2）在途存货

在途存货包括运入在途存货和运出在途存货。运入在途存货是指已经付款，正在运输途中或尚未验收入库的存货；运出在途存货指按合同规定已经发出或送出，但尚未确认销售收入的存货。

（3）加工中的存货

加工中的存货是指企业自行生产加工以及委托外单位加工中的各种存货。

（4）委托代销存货

委托代销存货是指存放在受托单位，并委托其代为销售的存货。

3. 存货按取得方式分类

存货按取得方式可以分为外购存货、自制存货、委托加工存货、投资转入存货、接受捐赠存货等。

四、存货的确认条件

存货应当同时满足以下两个条件，才能予以确认：

1. 该存货包含的经济利益很可能流入企业

资产最重要的特征是企业拥有所有权，预期会给企业带来经济利益。如果某一项目预期不能给企业带来经济利益，就不能确认为企业的资产。企业在确认存货时，需要判断与该项存货相关的经济利益是否很可能流入企业。在实务中，主要通过判断与该项存货所有权相关的风险和报酬是否转移到了企业来确定。

2. 该存货的成本能够可靠地计量

存货作为企业的重要资产组成部分，成本必须能够进行可靠的计量。存货的

成本能够可靠地计量必须以取得确凿、可靠的证据为依据，并且具有可验证性。如果存货成本不能可靠地计量，则不能确认为一项存货。

第二节 取得存货的计价

企业取得存货应当按照成本进行计量。由于取得的存货方式有很多，在不同的取得方式下，存货成本的具体构成内容也不完全相同。通过购买取得的存货，如原材料、商品、低值易耗品等，按采购成本计价；通过加工制成的存货，如产成品、半成品、在产品、委托加工物资等，按所耗材料的采购成本、加工成本计价；另外，使存货达到目前场所和状态所发生的其他成本也应计入存货成本。

一、外购存货

企业外购存货主要包括原材料和商品。

1. 外购存货的成本

（1）外购存货的成本构成

外购存货的成本即存货的采购成本，主要包括购买价款、相关税费、运输费、装卸费、保险费以及其他可归属于存货采购成本的费用。

1）购买价款，是指企业购入材料或商品的发票账单上列明的价款，但不包括按规定可以抵扣的增值税进项税额。

2）相关税费，是指企业购买、自制或委托加工存货所发生的消费税、资源税，以及不能从增值税销项税额中抵扣的进项税额等。

3）其他可归属于存货采购成本的费用，即采购成本中除上述各项以外的可归属于存货采购成本的费用，如在存货采购过程中发生的仓储费、包装费，运输途中的合理损耗，入库前的挑选整理费用等。这些费用能分清负担对象的，应直接计入存货的采购成本；不能分清负担对象的，应选择合理的分配方法，分配计入有关存货的采购成本。分配方法通常包括按所购存货的重量或采购价格的比例进行分配。

知识链接

> 市内零星货物运杂费、采购人员的差旅费、采购机构的经费及供应部门经费等，一般不应当包括在存货的采购成本中。

（2）商品流通企业进货费用的处理

商品流通企业在采购商品过程中发生的运输费、装卸费、保险费及其他可归属于存货采购成本的费用等进货费用，应当计入存货采购成本。

也可先进行归集，期末根据所购商品的存销情况进行分摊：对于已售商品的进货费用，计入当期损益（主营业务成本）；对于未售商品的进货费用，计入期末存货成本。

企业采购商品的进货费用金额较小的，也可在发生时直接计入当期损益（销售费用）。

2. 外购存货的会计处理

企业外购的存货，由于距离采购地点远近不同、货款结算方式不同等原因，可能造成存货验收入库和货款结算并不总是同步完成；同时，外购存货还可能采用预付货款、赊购等不同的结算方式。因此，企业外购的存货应根据具体情况，分别进行相应的账务处理。

（1）存货验收入库和货款结算同时完成

在存货验收入库和货款结算同时完成的情况下，企业应于支付货款或开出、承兑商业汇票，并且存货验收入库后，按发票账单等结算凭证确定的存货成本入账。

【例 4—1】2018 年 5 月 9 日，信达公司购入一批甲材料，已验收入库。增值税专用发票列明材料价款为 5 100 元，增值税为 816 元，货款及税款已由公司开出商业汇票结算。编制会计分录如下：

借：原材料——甲材料	5 100	
应交税费——应交增值税（进项税额）	816	
贷：应付票据		5 916

（2）货款已结算但存货尚在运输途中

在已经支付货款或开出、承兑商业汇票，但存货尚在运输途中或虽已运达但尚未验收入库的情况下，企业应于支付货款或开出、承兑商业汇票时，按发票账单

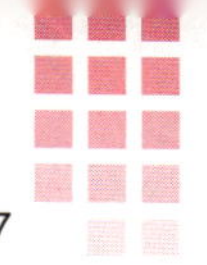

单等结算凭证确定的存货成本入账。先通过“在途物资”账户核算，待存货到达入库时再从“在途物资”账户转入“原材料”等账户。

【例 4—2】2018 年 5 月 20 日，信达公司购入一批甲材料，增值税专用发票列明材料价款为 4 800 元，增值税为 768 元，共计 5 568 元，发票等结算凭证已收到，货款已通过银行转账支付，但材料尚未到达。编制会计分录如下：

（1）支付货款

借：在途物资——甲材料	4 800	
应交税费——应交增值税（进项税额）	768	
贷：银行存款		5 568

（2）若干天后，材料验收入库

借：原材料——甲材料	4 800	
贷：在途物资——甲材料		4 800

（3）存货已验收入库货款尚未结算

在存货已运达企业并验收入库，但发票账单等结算凭证尚未到达、货款尚未结算的情况下，企业在收到存货时可先不进行会计处理。待结算凭证到达，企业支付货款或开出、承兑商业汇票后，按发票账单等结算凭证确定的存货成本入账。如果到月末发票账单仍未收到，企业应按合同价等暂估入账。下月初，再编制相同的红字记账凭证予以冲回；待结算凭证到达，企业付款或开出、承兑商业汇票后，按正常程序进行账务处理。

【例 4—3】2018 年 5 月 20 日，信达公司向丙公司采购一批甲材料，已办理提货手续，并验收入库，但发票等结算凭证尚未收到。月末，发票等结算凭证仍未到达公司，信达公司根据“无单到料验收单”所列成本 30 000 元入账。6 月 16 日收到发票，增值税专用发票列明原材料价款 28 000 元，增值税 4 480 元，共计 32 480 元，货款已通过银行存款支付。编制会计分录如下：

（1）5 月 20 日，暂不做账务处理。

（2）5 月 31 日，对材料暂估入账

借：原材料——甲材料	30 000	
贷：应付账款——暂估应付账款		30 000

（3）6 月 1 日，编制红字记账凭证冲回暂估入账凭证

借：原材料——甲材料	30 000	
贷：应付账款——暂估应付账款		30 000

（4）6月16日，收到结算凭证并支付货款

借：原材料——甲材料　28 000

　　应交税费——应交增值税（进项税额）　4 480

　　贷：银行存款　32 480

（4）采用预付货款方式购入存货

在采用预付货款方式购入存货的情况下，如果预付的货款不足，需要补付货款时，按照补付的金额，借记“预付账款”账户，贷记“银行存款”账户；如果预付的货款超过实付的货款，供货方退回多付的货款时，借记“银行存款”账户，贷记“预付账款”账户。

【例4—4】2018年5月6日，信达公司根据合同向供货单位甲公司预付一笔货款60 000元，以银行存款支付。6月6日，甲公司供应的甲材料验收入库，同时收到发票等结算凭证，增值税专用发票列明货款为40 000元，增值税为6 400元。6月7日，甲公司退回多付货款13 600元。编制会计分录如下：

（1）5月6日，向甲公司预付货款

借：预付账款——甲公司　60 000

　　贷：银行存款　60 000

（2）6月6日，甲公司供应的甲材料验收入库

借：原材料——甲材料　40 000

　　应交税费——应交增值税（进项税额）　6 400

　　贷：预付账款——甲公司　46 400

（3）6月7日，甲公司退回多付货款

借：银行存款　13 600

　　贷：预付账款——甲公司　13 600

（5）采用赊购方式购入存货

材料已验收入库，结算单据已到，企业由于资金不足而暂未付款，表明企业因购入材料已占用供应单位的资金，形成了应付账款，企业应在收到材料和发票账单时进行账务处理。

【例4—5】2018年5月8日，信达公司从甲公司赊购一批乙材料，已验收入库，取得的增值税专用发票上注明材料价款为100 000元，增值税为16 000元。根据购货合同的约定，信达公司应于6月30日之前支付货款。编制会计分录如下：

（1）5月8日，赊购材料

借：原材料——乙材料　　100 000

　应交税费——应交增值税（进项税额）　　16 000

　贷：应付账款——甲公司　　116 000

（2）6月28日，支付货款

借：应付账款——甲公司　　116 000

　贷：银行存款　　116 000

（6）外购存货发生短缺与损耗的会计处理

企业在存货采购过程中，如果发生了存货短缺、毁损等情况，应及时查明原因，区别情况进行会计处理：

第一，属于运输途中的合理损耗，应计入有关存货的采购成本。

第二，能确定由供应企业、运输企业、保险公司或其他过失人负责赔偿的，应向有关企业或责任人索赔，从“在途物资”账户转入“应付账款”或“其他应收款”账户。

第三，尚待查明原因或需要报经批准才能转销处理的损失，应将其损失从“在途物资”账户转入“待处理财产损溢”账户，查明原因后再根据情况分别进行处理：属于应由供应企业、运输企业、保险公司或其他过失人负责赔偿的，将其损失从“待处理财产损溢”账户转入“应付账款”或“其他应收款”账户；属于自然灾害造成的损失，应按扣除残料价值和保险公司赔偿后的净损失，从“待处理财产损溢”账户转入“营业外支出——非常损失”账户；属于无法收回的其他损失，报经批准后，将其从“待处理财产损溢”账户转入“管理费用”账户。

【例4—6】2018年5月19日，信达公司从甲公司购入乙材料1 000件，单价15元，增值税专用发票列明材料价款为15 000元，增值税为2 400元，款项已通过银行存款支付，但材料尚在运输途中。6月26日，乙材料运达企业，验收时发现短缺10件，原因待查。编制会计分录如下：

（1）5月19日，购入乙材料

借：在途物资——乙材料　　15 000

　应交税费——应交增值税（进项税额）　　2 400

　贷：银行存款　　17 400

（2）6月26日，材料验收入库，发现短缺

借：原材料——乙材料　　14 850

　待处理财产损溢——待处理流动资产损溢　　150

　贷：在途物资——乙材料　　15 000

（3）材料短缺的原因查明

若全部为运输途中的合理损耗：

借：原材料——乙材料 150

　　贷：待处理财产损溢——待处理流动资产损溢 150

若全部为运输企业责任，由其进行赔偿：

借：其他应收款——运输企业 174

　　贷：待处理财产损溢——待处理流动资产损溢 150

　　　　应交税费——应交增值税（进项税额转出） 24

二、自制存货

自制存货是指企业通过进一步加工而取得的存货，其成本由采购成本、加工成本及使存货达到目前场所和状态所发生的其他成本构成。

1. 存货的加工成本

存货的加工成本是指存货加工的过程中发生的追加费用，包括直接人工及制造费用。如果能够直接计入有关的成本核算对象，则应直接计入；否则，应按照一定的方法分配计入有关成本核算对象。分配方法一经确定，不得随意变更，存货加工成本在在产品和完工产品之间的分配，应通过成本核算方法进行计算确定。

2. 存货的其他成本

存货的其他成本是指除采购成本、加工成本以外的，使存货达到目的的其他支出。除此之外，下列费用应在其发生时确认为当期费用。

（1）非正常消耗的直接材料、直接人工及制造费用

如因自然灾害而发生的直接材料、直接人工及制造费用。由于这些费用的发生无助于使该存货达到目前场所和状态，不应计入存货成本，而应确认为当期费用。

（2）仓储费用

仓储费用是企业在存货采购入库后发生的存储费用，应计入当期损益。但是，在生产过程中为达到下一个生产阶段所必需的仓储费用则应计入存货成本。如某种酒类产品生产企业为使生产的酒达到规定的产品质量标准而必须发生的仓储费用应计入酒的成本，而不应计入当期费用。

（3）其他杂费

商品流通企业在存货采购过程中发生的运输费、装卸费、保险费、包装费、

仓储费、入库前的挑选整理费用等，应计入当期损益。

【例 4—7】2018 年 5 月 30 日，信达公司自制一批 A 辅助材料入库，生产成本为 1 200 元。编制会计分录如下：

借：原材料——A 辅助材料　　1 200

　　贷：生产成本——辅助生产成本　　1 200

三、委托加工物资

委托加工物资是指企业委托外单位加工的各种材料、商品等物资。

企业委托外单位加工物资的成本包括加工中实际耗用物资的成本，支付的加工费用及应负担的运杂费等，支付的税金，包括委托加工物资所负担的消费税（指属于消费税应税范围的加工物资）等。

【例 4—8】信达公司委托新世纪公司加工一批材料（属于应税消费品），原材料成本为 10 000 元，支付加工费 8 000 元（不含增值税），消费税税率为 10%，材料加工完成验收入库，加工费等已经支付。双方适用的增值税税率均为 16%。编制会计分录如下：

（1）发出委托加工材料

借：委托加工物资　　10 000

　　贷：原材料　　10 000

（2）支付加工费

消费税组成计税价格 =（10 000+8 000）÷（1−10%）=20 000（元）

受托方代收代交的消费税 =20 000 × 10%=2 000（元）

应纳增值税 =8 000 × 16%=1 280（元）

1）信达公司收回加工后的材料用于连续生产

借：委托加工物资　　8 000

　　应交税费——应交增值税（进项税额）　　1 280

　　应交税费——应交消费税　　2 000

　　贷：银行存款　　11 280

2）信达公司收回加工后的材料直接用于销售

借：委托加工物资　　10 000

　　应交税费——应交增值税（进项税额）　　1 280

　　贷：银行存款　　11 280

（3）加工完成收回委托加工材料

1）信达公司收回加工后的材料用于连续生产应税消费品

借：原材料　　18 000

　　贷：委托加工物资　　18 000

2）信达公司收回加工后的材料直接用于销售

借：原材料　　20 000

　　贷：委托加工物资　　20 000

四、投资者投入的存货

投资者投入的存货应当按照投资合同、协议约定的价值确定，借记“原材料”“应交税费——应交增值税（进项税额）”账户，贷记“实收资本”或“股本”账户。

【例 4—9】2018 年 5 月 20 日，信达公司接受甲公司以原材料进行的投资，该批原材料价值为 50 000 元的不含税价（假定与公允价值相同），增值税为 8 000 元。假定信达公司的股本总额为 300 000 元，甲公司在信达公司享有的份额为 10%。信达公司为增值税一般纳税人，采用实际成本法核算存货。编制会计分录如下：

借：原材料　　50 000

　　应交税费——应交增值税（进项税额）　　8 000

　　贷：股本——甲公司　　30 000

　　　　资本公积——股本溢价　　28 000

五、接受捐赠的存货

接受捐赠的存货，其成本应当按照如下方法确定：捐赠方提供了有关凭据的，按凭据上标明的金额加上应支付的相关税费确定；捐赠方没有提供有关凭据的，应参照同类或类似存货的市场价格估计的金额，加上应支付的相关税费确定。

【例 4—10】2018 年 5 月 22 日，信达公司接受乙公司捐赠的一批商品，乙公司提供的发票上表明该批商品的价值为 10 000 元，信达公司支付运杂费 1 000 元。编制会计分录如下：

借：库存商品　　11 000

　　贷：营业外收入——捐赠利得　　10 000

　　　　银行存款　　1 000

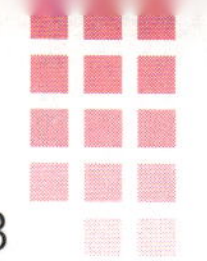

第三节 发出存货的计价

发出存货的计价，就是准确确定存货发出时的成本。由于企业每次购入存货的实际成本可能不同，因此发出存货时应当按照一定方法确定发出存货的实际成本，进而确定期末存货的价值。

一、发出存货的计价方法

按照《企业会计准则第 1 号——存货》的规定，企业应当采用个别计价法、先进先出法、加权平均法（包括全月一次加权平均法和移动加权平均法）计算发出存货成本。

1. 个别计价法

个别计价法也称个别认定法、具体辨认法、分批实际法，是指通过逐一辨认各批发出存货和期末存货所属的购进批别或生产批别，分别按其购入或生产时所确定的单位成本计算各批发出存货和期末存货成本的一种方法。

【例 4—11】2018 年 5 月，信达公司存货——甲材料入库、发出和结存的有关资料见表 4—1，采用个别计价法计算存货成本。

表 4—1 原材料明细账

计量单位：吨　　账户名称：甲材料　　金额单位：元

2018 年		摘要	收入			发出			结存		
月	日		数量	单价	金额	数量	单价	金额	数量	单价	金额
5	1	期初余额							20	50	1 000
	5	购入	50	51	2 550						
	8	领用				30			40		
	10	购入	40	52	2 080				80		
	21	领用				50			30		
	31	合计	90		4 630	80		4 030	30		1 550

5 月 8 日发出存货 30 吨中，有 10 吨为期初存货，20 吨为 5 日购进存货；21 日发出存货 50 吨中，有 10 吨为期初存货，20 吨为 5 日购进存货，20 吨为 10 日购进存货。

本月发出和结存存货成本为：

本期发出存货成本 =（10×50+20×51）+（10×50+20×51+20×52）

=1 520+2 560

=4 080（元）

期末结存存货成本 =10×51+20×52=1 550（元）

知识链接

个别计价法所确定的发出存货的成本比较符合实际情况，期末结存存货成本的计算比较真实，而且可以随时结存发出存货成本。但是，在具体操作中，必须对存货的收、发、存按照批次认定，工作量大，难度也大，因此，这种方法只适于存货品种较少、成批购进货物又成批发出销售的企业。

2. 先进先出法

先进先出法是以先购入的存货应先发出这样一种存货实物流转假设为前提，对发出存货进行计价的方法。采用这种方法，先购入的存货成本在后购入存货成本之前转出，据此确定发出存货和期末存货的成本。每次购入存货时，按时间先后顺序逐笔登记数量、单价和金额，每次发出存货时，按照先购入存货的单价计算发出存货的实际成本。

【例 4—12】2018 年 5 月，信达公司存货——甲材料入库、发出和结存的有关资料见表 4—2，采用先进先出法计算存货成本。

表 4—2 原材料明细账

计量单位：吨　　账户名称：甲材料　　金额单位：元

2018 年		摘要	收入			发出			结存		
月	日		数量	单价	金额	数量	单价	金额	数量	单价	金额
5	1	期初余额							20	50	1 000
	5	购入	50	51	2 550				20 50	50 51	3 550
	8	领用				30			40	51	2 040
	10	购入	40	52	2 080				40 40	51 52	4 120
	21	领用				50			30	52	1 560
	31	合计	90		4 630	80		4 070	30	52	1 560

有关计算如下：

（1）8 日发出的 30 吨，先将 20 吨按 50 元的单价计价，其余 10 吨按 51 元的单价计价，结存 40 吨按 51 元的单价计价。因此，8 日发出的存货及结存存货成本为：

8 日发出存货成本 =20×50+10×51=1 510（元）

8 日结存存货成本 =40×51=2 040（元）

（2）21 日发出的 50 吨，先将 40 吨按 51 元的单价计价，其余 10 吨按 52 元的单价计算，结存 30 吨单价均为 52 元的。因此，21 日发出存货及结存存货成本为：

21 日发出存货成本 =40×51+10×52=2 560（元）

21 日结存存货成本 =30×52=1 560（元）

知识链接

> 采用先进先出法，能随时结转成本，期末存货成本较接近现行的市场价值，企业不能随意挑选存货成本以调节当期利润。但是，在存货收发业务频繁和单价经常变动的情况下，企业计价的工作量较大。另外，当物价上涨时，用早期较低的成本和现行收入相配比，会高估企业当期利润和库存存货价值；反之则会低估当期利润和库存存货价值。

3. 全月一次加权平均法

全月一次加权平均法是指以月初结存存货数量和本月各批收入存货数量作为权数，计算本月存货的加权平均单位成本，据以确定本期发出存货成本和期末结存存货成本的一种计价方法。全月一次加权平均法的计算公式如下：

加权平均单位成本 =（月初结存存货成本 + 本月收入存货成本）÷（月初结存存货数量 + 本月收入存货数量）

本月发出存货成本 = 本月发出存货数量 × 加权平均单位成本

月末结存存货成本 = 月末结存存货数量 × 加权平均单位成本

或 = 月初结存存货成本 + 本月收入存货成本 − 本月发出存货成本

【例 4—13】2018 年 5 月，信达公司存货——甲材料入库、发出和结存的有关资料见表 4—3，采用全月一次加权平均法计算存货成本。

表 4—3 原材料明细账

计量单位：吨 账户名称：甲材料 金额单位：元

2018 年		摘要	收入			发出			结存		
月	日		数量	单价	金额	数量	单价	金额	数量	单价	金额
5	1	期初余额							20	50	1 000
	5	购入	50	51	2 550				70		
	8	领用				30			40		
	10	购入	40	52	2 080				80		
	21	领用				50			30		
	31	合计	90		4 630	80	51.18	4 094.4	30	51.18	1 535.6

有关计算如下：

加权平均单价 =（1 000+4 630）÷（20+90）=51.18（元）

本期发出存货成本 =80 × 51.18=4 094.4（元）

期末结存存货成本 =1 000+4 630−4 094.4=1 535.6（元）

知识链接

全月一次加权平均法的优点是：在月末一次计算加权平均单价，据以计算发出存货和期末结存存货成本，减轻了日常核算工作量。但是，由于已耗或已销成本到月末才能计算确定，因此，影响成本计算的及时性，不利于存货的日常管理；此外，加权平均成本与现行成本有一定的差距，不论在物价上涨时期还是下降时期，都会使已耗或已销成本不切实际，影响财务成果的真实性。

二、发出存货的会计处理

生产经营领用材料时，按其用途借记相关账户，贷记“原材料”账户；非生产经营耗用和非货币性交易转出、用材料抵债或盘亏时借记相关账户，贷记“原材料”账户，同时贷记“应交税费——应交增值税（销项税额）”或“应交税费——应交增值税（进项税额转出）”账户。

【例 4—14】2018 年 5 月，信达公司的“发料凭证汇总表”中列明生产车间生产产品领用材料为 5 000 千克，辅助生产车间领用材料为 1 000 千克，车间管

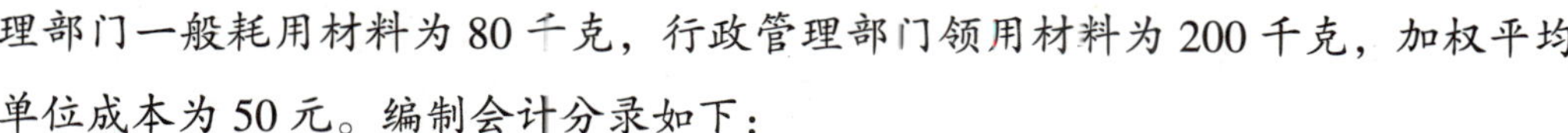

理部门一般耗用材料为80千克，行政管理部门领用材料为200千克，加权平均单位成本为50元。编制会计分录如下：

科目	借方	贷方
借：生产成本——基本生产成本	250 000	
——辅助生产成本	50 000	
制造费用	4 000	
管理费用	10 000	
贷：原材料		314 000

第四节　计划成本法与存货估价法

存货采用实际成本进行日常核算，要求存货的收入和发出凭证、明细分类账、总分类账全部按实际成本计价，这对于存货品种、规格数量繁多且收发频繁的企业来说，工作量大，核算成本较高，也会影响会计信息的及时性。为了简化存货的核算，企业可以采用计划成本法和存货估价法对存货的收入、发出及结存进行日常核算。

一、计划成本法

计划成本法是指存货的日常收入、发出和结存均按照预先制定的计划成本计价，并设置“材料成本差异”账户登记实际成本与计划成本之间的差异。月末再通过对存货成本差异的分摊，将发出存货的计划成本和结存存货的计划成本调整为实际成本进行反映的一种核算方法。

1. 采用计划成本法应考虑的问题

（1）计划成本与实际成本的构成内容相一致。为保持计划成本和实际成本的可比性，以考核财务部门业绩，要求计划成本和实际成本口径一致。如果计划成本脱离实际成本太多，则无法随时通过计划成本与实际成本的差异考核采购部门的成果。

（2）尽可能使计划成本接近实际成本。在拟定计划成本时，应尽可能使计划成本接近实际成本。当实际成本和计划成本发生重大差异时，应加以调整。

2. 基本核算程序

存货的收入、发出和结存均按照预先制定的计划成本计价，同时设“材料成本差异”账户，登记实际成本与计划成本的差额。计划成本法基本核算程序如下：

（1）事先拟定各种存货的计划成本，年度内一般不加以调整。

（2）平时收到存货时，同时记载计划成本和成本差异。

（3）平时发出存货，按计划成本核算。

（4）月末，将发出存货的计划成本调整为实际成本。

3. 账户设置

（1）设置“原材料”账户

该账户与按实际成本计价的核算内容相同，但该账户借方、贷方及余额均按照计划成本记账。

（2）设置“材料采购”账户

该账户核算企业采用计划成本进行材料日常核算而购入材料的采购成本。借方登记购入材料的实际成本及月末结转的实际成本小于计划成本的节约差额；贷方登记验收入库材料的计划成本及月末结转的实际成本大于计划成本的超支差额；期末余额在借方，反映在途材料的实际成本。该账户应按供应单位和材料品种设置明细账，进行明细核算。

（3）设置“材料成本差异”账户

该账户核算企业各种材料的实际成本与计划成本的差异。借方登记入库材料实际成本大于计划成本的差异（超支差）及发出材料应负担的节约差异；贷方登记入库材料实际成本小于计划成本的差异（节约差）及发出材料应负担的超支差异；期末借方余额反映库存材料的超支差异，期末贷方余额反映库存材料的节约差异。该账户应区分“原材料”“包装物”“低值易耗品”等，按照类别或品种进行明细核算。

4. 购进材料的会计处理

【例 4—15】信达公司为增值税一般纳税人，公司的存货采用计划成本核算。2018 年 5 月，该公司发生下列材料采购业务。

（1）5 月 15 日，信达公司购入一批原材料，增值税专用发票上注明的价款为 10 000 元，增值税为 1 600 元。货款已通过银行存款支付，材料也已验收入库。该批原材料的计划成本为 10 500 元。编制会计分录如下：

1）按实际价付款

借：材料采购 10 000

应交税费——应交增值税（进项税额） 1 600

贷：银行存款 11 600

2）材料验收入库

借：原材料 10 500

贷：材料采购 10 500

3）结转入库材料成本差异

借：材料采购 500

贷：材料成本差异——原材料 500

（2）5 月 16 日，信达公司购入一批原材料，增值税专用发票上注明的价款为 16 000 元，增值税为 2 560 元。货款已通过银行存款支付，材料尚在运输途中。编制会计分录如下：

借：材料采购 16 000

应交税费——应交增值税（进项税额） 2 560

贷：银行存款 18 560

（3）5 月 18 日，信达公司收到 16 日购进的原材料并验收入库。该批原材料的计划成本为 15 000 元。编制会计分录如下：

1）材料验收入库

借：原材料 15 000

贷：材料采购 15 000

2）结转入库材料成本差异

借：材料成本差异——原材料 1 000

贷：材料采购 1 000

5. 发出材料和分摊材料成本差异的会计处理

在计划成本法下，存货发出的核算主要包括以下两方面内容：

（1）结转发出材料的计划成本。这是根据“材料发出汇总表”中材料的计划成本，按发出材料的用途进行分配。

（2）结转本月发出材料应分摊的成本差异额。结转发出材料成本差异额时，如为节约差异，应借记“材料成本差异”账户；如为超支差异，应贷记“材料成本差异”账户。发出材料的成本差异额，是根据发出材料的计划成本和材料成本差异率计算确定的，计算公式如下：

材料成本差异率 =（期初结存材料成本差异 + 本月收入材料成本差异）÷（期初结存材料的计划成本 + 本月收入材料的计划成本）×100%

本期发出存货应负担的材料成本差异 = 发出存货的计划成本 × 材料成本差异率

本期发出存货的实际成本 = 发出存货的计划成本 ± 发出存货应负担的材料成本差异

【例 4—16】信达公司各部门 5 月领用甲材料，其计划成本情况为：生产车间生产 A 产品领用 18 000 元，车间管理部门领用 2 000 元，企业管理部门领用 1 000 元，出售 5 000 元。材料成本差异率为 1%。编制会计分录如下：

（1）按计划成本结转发出存货成本

借：生产成本——生产成本（A 产品）　　18 000
　　制造费用　　2 000
　　管理费用　　1 000
　　其他业务成本　　5 000
　　贷：原材料——甲材料　　26 000

（2）计算本月材料成本差异率

本月材料成本差异率 1%。

（3）分摊材料成本差异

发出材料应负担的材料成本差异额 =26 000×1%=260（元）

发出材料的实际成本 =26 000+260=26 260（元）

借：生产成本——生产成本（A 产品）　　180
　　制造费用　　20
　　管理费用　　10
　　其他业务成本　　50
　　贷：材料成本差异——原材料（甲材料）　　260

二、存货估价法

存货估价法是指商业批发企业和商业零售企业对品种多、价值低、数量大、出入频繁的存货，采用估价的方法来确定发出存货和结存存货的实际成本的一种

简易核算方法，主要包括毛利率法和零售价法两种方法。

1. 毛利率法

毛利率法是指根据以前年度或估计的销售毛利率来估算本期销售成本，并据以确定期末结存存货的方法。其计算公式为：

估计毛利率 = 上期销售毛利或估计销售毛利 ÷ 上期销售净额或估计销售净额 ×100%

估计本期销售成本 = 本期销售净额 ×（1– 估计毛利率）

估计期末存货成本 = 期初存货成本 + 本期入库存货成本 – 估计本期销售成本

【例 4—17】2018 年 5 月 1 日，信达公司下属的人民批发商场百货商品库存成本 300 000 元，本月入库（购进）商品成本 160 000 元，本月销售收入 260 000 元，销售折扣 13 000 元，上月该类商品毛利率为 20%。本月销售成本和库存商品的成本计算如下：

本月销售净额 =260 000–13 000=247 000（元）

本月估计销售毛利 =247 000×20%=49 400（元）

本月估计销售成本 =247 000–49 400=197 600（元）

本月估计期末存货成本 =300 000+160 000–197 600=262 400（元）

知识链接

采用毛利率法估计本期销售成本和期末存货成本时，关键在于所使用的估计毛利率是否可靠。通常使用上一期销售毛利率作为计算依据，如果各期销售毛利率变动较大，也可以使用上几期的平均销售毛利率。需要说明的是，销售毛利率的结果往往不够准确。为此，一般应在每季末最后一个月，根据月末结存数量，按照最后进价法等计价方法，先计算月末存货成本，然后再计算该季度的商品销售成本，用该季度的商品销售成本减去前两个月已结转的成本，计算第三个月应结转的销售成本，从而对前两个月用销售毛利率计算的成本进行调整。

2. 零售价法

零售价法是指商业零售企业平时商品的购进、储存、销售均按售价金额记账，售价与进价的差额通过“商品进销差价”账户反映，通过期末计算进销差价和已销商品应分摊的进销差价来调整本期销售成本的方法。其计算公式为：

进销差价金额 = 售价金额 − 进价金额

进销差价率 =（期初库存商品进销差价 + 本期购入商品进销差价）÷（期初库存商品售价 + 本期购入商品售价）×100%

本期已销商品应分摊的进销差价 = 本期商品销售收入 × 进销差价率

本期销售商品的实际成本 = 本期商品销售收入 − 本期已销商品应分摊的进销差价

【例 4—18】信达公司下属源泉商场 2018 年 5 月的有关资料：期初存货成本 68 000 元，售价 100 000 元，本期购入存货成本 254 000 元，售价 360 000 元，本期销售收入为 400 000 元。编制会计分录如下：

（1）源泉商场 5 月的购货业务

借：库存商品　　360 000

　　贷：银行存款　　254 000

　　　　商品进销差价　　106 000

（2）记录 5 月商品销售收入

借：银行存款　　400 000

　　贷：主营业务收入　　400 000

（3）平时结转商品销售成本

借：主营业务成本　　400 000

　　贷：库存商品　　400 000

（4）计算 5 月进销差价率和已销商品应分摊的进销差价

进销差价率 =（32 000+106 000）÷（100 000+360 000）×100%=30%

已销商品应分摊的进销差价 =400 000×30%=120 000（元）

（5）根据已销商品应分摊的进销差价冲转销售成本

借：商品进销差价　　120 000

　　贷：主营业务成本　　120 000

（6）计算 5 月销售商品的实际成本

销售商品的实际成本 =400 000−120 000=280 000（元）

（7）计算 5 月库存商品的实际成本

库存商品的实际成本 =（100 000+360 000−400 000）×（1−30%）=42 000（元）

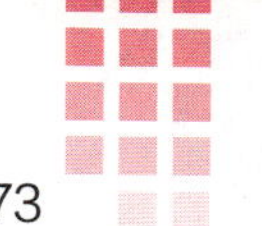

第五节 包装物和低值易耗品

一、包装物

1. 包装物的概念和内容

包装物是指为包装本企业商品而储备的各种包装容器，如桶、箱、瓶、坛、袋等。下列各项不属于包装物的核算范围：

（1）用于包装的纸、绳、铁丝、铁皮等，应作为“原材料——辅助材料”进行管理和核算。

（2）用于储存和保管商品、材料而不对外出售的包装物，应按其价值大小和使用年限长短，分别作为“固定资产”或“周转材料——低值易耗品”进行管理和核算。

（3）单独列作企业商品、产品的自制包装物，应作为“库存商品”进行管理和核算。

2. 包装物核算的账户设置

设置“周转材料——包装物”账户，核算包装物的增减变化及其价值损失、结存等情况，该账户借方登记包装物的增加，贷方登记包装物的减少及摊销，期末余额在借方，反映企业在库包装物的成本和在用包装物的摊余价值。

3. 发出包装物的会计处理

企业发出的包装物，按发出包装物的不同用途分别进行核算。

（1）生产领用包装物

生产领用包装物，包装物构成产品实体的组成部分，应按照领用包装物的实际成本计入产品的实际生产成本。

【例 4—19】信达公司生产产品领用一批包装物，账面价值 3 000 元。编制会计分录如下：

借：生产成本　　3 000

　　贷：周转材料——包装物　　3 000

（2）随同商品出售但不单独计价的包装物

随同商品出售但不单独计价的包装物，主要是为了确保销售商品的质量或提供良好的销售服务，也是一种促销手段，因此，应将这部分包装物成本作为企业的销售费用处理。

【例 4—20】信达公司在商品销售过程中领用一批不单独计价的包装物，实际成本为 5 000 元。编制会计分录如下：

借：销售费用	5 000	
贷：周转材料——包装物		5 000

（3）随同商品出售并单独计价的包装物

包装物随同商品出售并单独计价，实际上就是出售包装物，其会计处理与出售材料相同。

【例 4—21】信达公司在商品销售过程中领用一批包装物，实际成本为 3 000 元，该批包装物随同商品出售，单独计算售价 8 000 元，应收取的增值税为 1 280 元，款项已收到。编制会计分录如下：

（1）取得包装物出售收入

借：银行存款	9 280	
贷：其他业务收入		8 000
应交税费——应交增值税（销项税额）		1 280

（2）结转包装物出售成本

借：其他业务成本	3 000	
贷：周转材料——包装物		3 000

（4）出租、出借包装物

出租包装物是销货企业向购货单位提供的一种有偿服务，收取的租金记入“其他业务收入”账户，相应的包装物成本记入“其他业务成本”账户；出借包装物是销货企业向购货单位提供的一种无偿服务，主要目的是为了促进销售，包装物成本记入“销售费用”账户；出租或出借包装物收取的押金，记入“其他应付款”账户；逾期未归还的包装物，按规定没收押金的行为应视为销售包装物，押金视为包装物的含税价，分别记入“其他业务收入”和“应交税费——应交增值税（销项税额）”账户。

出租或出借包装物具有可以长期周转使用、价值损耗逐渐减少的特点，企业可视其价值的大小采用一次摊销法和五五摊销法。企业采用五五摊销法，应在“包装物”下设置“在库包装物”“在用包装物”和“包装物摊销”等明细账户。

【例 4—22】信达公司在商品销售过程中，租给购货单位一批包装物，实际

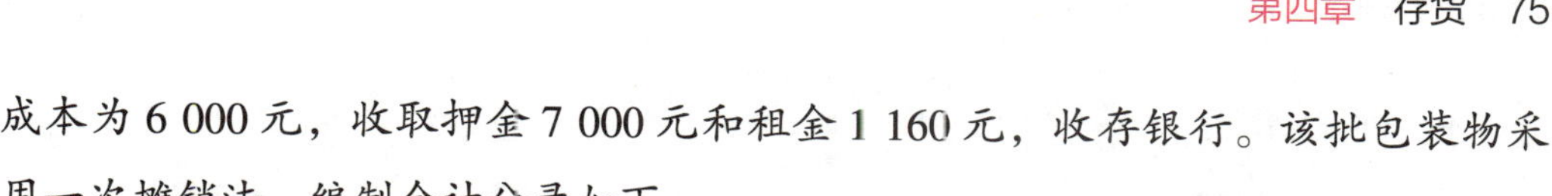

成本为 6 000 元，收取押金 7 000 元和租金 1 160 元，收存银行。该批包装物采用一次摊销法。编制会计分录如下：

（1）出租包装物

借：其他业务成本　　6 000

　　贷：周转材料——包装物　　6 000

（2）收取押金和租金

借：银行存款　　8 160

　　贷：其他应付款——存入保证金　　7 000

　　　　其他业务收入　　1 000

　　　　应交税费——应交增值税（销项税额）　　160

二、低值易耗品

1. 低值易耗品的概念

低值易耗品是指不能作为固定资产使用的各种用具物品，如工具、管理用具、玻璃器皿以及在经营过程中周转使用的包装容器等。低值易耗品按其用途可以分为一般工具、专用工具、替换设备、管理用具、劳动保护用品、其他用具等。

2. 低值易耗品核算的账户设置

设置“周转材料——低值易耗品”账户，核算低值易耗品的增减变化及其结存情况。该账户借方登记低值易耗品的增加，贷方登记低值易耗品的减少及摊销，期末余额在借方，反映企业在库低值易耗品的成本和在用低值易耗品的摊余价值。

3. 领用摊销低值易耗品的会计处理

企业领用的低值易耗品，其价值可以根据低值易耗品的特点及企业的实际情况，分别采用一次摊销法和五五摊销法进行摊销。

（1）一次摊销法

一次摊销法是指在领用低值易耗品时，将其价值一次全部计入当期成本费用中的会计处理方法。

【例 4—23】信达公司生产车间领用一批专用工具，实际成本为 5 000 元；销售部门领用一批办公用具，实际成本为 3 000 元。编制会计分录如下：

借：制造费用　　　　　　　　　　　　　　　　5 000
　　销售费用　　　　　　　　　　　　　　　　3 000
　　贷：周转材料——低值易耗品　　　　　　　　　8 000

知识链接

> 一次摊销法比较简便易行，但是不利于实物管理，而且价值一次结转也影响成本费用的均衡性。它适用于一次领用数量不多、价值较低、使用期限较短或者容易破损的低值易耗品的摊销。

（2）五五摊销法

五五摊销法是指在领用低值易耗品时，摊销其价值的 50%，报废时再摊销剩余的 50% 的会计处理方法。在采用五五摊销法时，需要单独设置“周转材料——低值易耗品（在用）”“周转材料——低值易耗品（在库）”“周转材料——低值易耗品（摊销）”明细账户。

【例 4—24】信达公司 2018 年 5 月 1 日，厂部管理部门领用一批办公用具，实际成本为 8 000 元。编制会计分录如下：

（1）领用管理用具，并摊销 50%

借：周转材料——低值易耗品（在用）　　　　　8 000
　　贷：周转材料——低值易耗品（在库）　　　　　8 000
借：管理费用　　　　　　　　　　　　　　　　4 000
　　贷：周转材料——低值易耗品（摊销）　　　　　4 000

（2）该批管理用具报废，摊销剩余 50%

借：管理费用　　　　　　　　　　　　　　　　4 000
　　贷：周转材料——低值易耗品（摊销）　　　　　4 000

（3）结转全部摊销额

借：周转材料——低值易耗品（摊销）　　　　　8 000
　　贷：周转材料——低值易耗品（在用）　　　　　8 000

知识链接

> 五五摊销法有利于加强对低值易耗品实物的控制与管理，它适用于各月领用、报废低值易耗品比较均衡的低值易耗品的摊销。

第六节 存货的期末计量

为了在资产负债表中更合理地反映期末存货的价值，企业应当选择适当的计价方法对期末存货进行计量。我国企业会计准则规定，资产负债表日，存货应当按照成本与可变现净值孰低计量。

一、成本与可变现净值孰低法的含义

成本与可变现净值孰低法，是指按照存货的成本与可变现净值两者中的较低者对期末存货进行计量的一种会计处理方法。即当存货的成本低于可变现净值时，按成本计量；当存货的成本高于可变现净值时，按可变现净值计量，同时按照成本高于可变现净值的差额计提存货跌价准备，计入当期损益。

成本与可变现净值中的成本，是指期末存货的实际成本。如果企业在存货成本的日常核算中采用计划成本法、售价金额核算法等简化核算方法，则成本应为调整后的实际成本。可变现净值，是指在日常活动中，存货的估计售价减去至完工时估计将要发生的成本、估计的销售费用以及相关税费后的金额。

二、成本与可变现净值孰低法的会计处理原则

1. 计提存货跌价准备

存货存在下列情形之一的，通常表明存货的可变现净值低于成本，应计提存货跌价准备。

（1）该存货的市场价格持续下跌，并且在可预见的未来无回升的希望。

（2）企业使用该项原材料生产的产品成本大于产品销售价格。

（3）企业因产品更新换代，原有库存原材料已不适应生产新产品的需要，而该原材料的市场价格又低于其账面成本。

（4）因企业所提供的商品或劳务过时或消费者偏好改变而使市场的需求发生变化，导致市场价格逐渐下跌。

（5）其他足以证明该项存货实质上已经发生减值的情形。

2. 全额转销存货价值

存货存在下列情形之一的，通常表明存货的可变现净值为零，应将存货账面价值全部转入当期损益。

（1）已霉烂变质的存货。

（2）已过期且无转让价值的存货。

（3）生产中已不再需要，并且已无使用价值和转让价值的存货。

（4）其他足以证明已无使用价值和转让价值的存货。

三、成本与可变现净值比较的方法

1. 单项比较法

单项比较法也称逐项比较法或个别比较法，是指对库存中每一种存货的成本和可变现净值逐项进行比较，每项存货均取其较低者确定期末存货的计价成本。

2. 分类比较法

分类比较法是指将各存货项目按一定标准分成大类，按大类比较其成本与可变现净值，每一大类取其低者作为该类存货的期末计价成本。

3. 总额比较法

总额比较法也称综合比较法，是指按全部存货的总成本与可变现净值总额相比较以取其低者作为期末全部存货的计价成本。

【例 4—25】信达公司有甲、乙两类存货，甲类存货又分为 A 存货和 B 存货，乙类存货又分为 C 存货和 D 存货，各种存货分别按三种计算方式确定期末存货的成本（见表 4—4）。

表 4—4　　期末存货成本与可变现净值比较　　单位：元

项目	成本	可变现净值	单项比较法	分类比较法	总额比较法
甲类存货	10 000	9 600		9 600	
A 存货	4 000	3 200	3 200		
B 存货	6 000	6 400	6 000		
乙类存货	20 000	20 800		20 000	

续表

项目	成本	可变现净值	单项比较法	分类比较法	总额比较法
C 存货	8 000	9 200	8 000		
D 存货	12 000	11 600	11 600		
总计	30 000	30 400	28 800	29 600	30 000

通过对三种方式的比较可见：单项比较法确定的结果最准确，但是工作量也最大；总额比较法工作量较小，但结果准确性相对较差；分类比较法的优缺点介于两者之间。

知识链接

> 我国企业会计准则规定，企业通常应按单个存货项目的成本与可变现净值进行比较计量；对于数量较多、单价较低的存货，可以按类别进行比较计量；在同一地区生产和销售的产品系列相关、具有相同或类似最终用途或目的，且难以与其他项目分开计量的存货，可以按全部存货进行总额比较计量。

四、成本与可变现净值孰低法的会计处理

1. 成本低于可变现净值

如果存货成本低于可变现净值，存货仍按成本计量，则无须进行会计处理，资产负债表中的存货按期末账面价值列示。

2. 成本高于可变现净值

如果存货成本高于可变现净值，则说明存货发生了减值，必须在当期确认存货跌价损失，并进行会计处理。

（1）设置“存货跌价准备”账户

“存货跌价准备”账户属于资产类账户。该账户核算企业提取的存货跌价准备，贷方登记存货可变现净值低于成本的差额，借方登记已计提跌价准备的存货的价值以后又得以恢复的金额和其他原因冲减已计提跌价准备的金额；期末贷方余额反映企业尚未转销的存货跌价准备。“存货跌价准备”账户是有关存货账户

的备抵调整账户，有关存货账户的期末借方余额减去“存货跌价准备”账户的期末贷方余额，即为期末存货的价值。

（2）计提存货跌价准备

资产负债表日，企业计提存货跌价准备时，首先要比较期末存货的成本与可变现净值，计算出应计提的存货跌价准备数额，然后与“存货跌价准备”账户的余额比较，如果应计提数大于已计提数，应按差额补提，借记“资产减值损失”账户，贷记“存货跌价准备”账户。如果应计提数小于已计提数，表明前已计提跌价准备的存货的价值以后得以部分恢复，应按恢复部分的数额，冲销已计提数，借记“存货跌价准备”账户，贷记“资产减值损失”账户；如果已计提跌价准备的存货的价值以后全部恢复，其冲减的跌价准备的金额，应以“存货跌价准备”账户的余额冲减至零为限。

【例 4—26】信达公司连续三年的 A 存货成本及可变现净值情况见表 4—5，采用单项比较法对期末存货进行计价（假设该公司以前各期均未提取存货跌价准备）。

表 4—5　　存货成本及可变现净值情况　　单位：元

项目	成本	2017 年可变现净值	2018 年可变现净值	2019 年可变现净值
A 存货	4 000	3 200	3 600	4 200

根据资料，编制会计分录如下：

（1）该公司 2017 年年末应对 A 存货计提存货跌价准备 800 元。

借：资产减值损失——计提存货跌价准备　　800

　　贷：存货跌价准备　　800

（2）该公司 2018 年年末 A 存货的可变现净值有所恢复，应冲减已计提的存货跌价准备 400 元。

借：存货跌价准备　　400

　　贷：资产减值损失——计提存货跌价准备　　400

（3）该公司 2019 年年末 A 存货的可变现净值进一步恢复到大于成本，应全部冲回已提尚余的存货跌价准备金额。

借：存货跌价准备　　400

　　贷：资产减值损失——计提存货跌价准备　　400

（3）结转存货跌价准备

企业计提了存货跌价准备，如果其中有部分存货已经销售，则企业在结转销售成本的同时，应结转对其已计提的存货跌价准备。

1）销售的存货，在结转销售成本的同时，应结转相应的存货跌价准备。

【例 4—27】信达公司将甲产品按 10 000 元的价格出售，增值税为 1 600 元。甲产品的账面价值为 11 000 元，已计提存货跌价准备 1 500 元。编制会计分录如下：

借：银行存款　　11 600
　　贷：主营业务收入　　10 000
　　　　应交税费——应交增值税（销项税额）　　1 600
借：主营业务成本　　9 500
　　存货跌价准备　　1 500
　　贷：库存商品　　11 000

2）可变现净值为零的存货，应当将其账面余额全部转销，同时转销相应的存货跌价准备。

【例 4—28】信达公司的库存乙产品已过保质期，不可再使用或销售。乙商品账面余额 2 000 元，已计提存货跌价准备 120 元。编制会计分录如下：

借：管理费用　　1 880
　　存货跌价准备　　120
　　贷：库存商品　　2 000

第七节　存货的清查

由于存货种类繁多、收发频繁，在日常收发过程中可能发生计量错误、计算错误、自然损耗，还可能发生损坏变质以及贪污、盗窃等情况，造成账实不符。为了保证各项存货登记的准确性、真实性，保证各项存货的安全完整，加速资金周转，加强资金管理，企业应定期或不定期地对存货进行清查。

一、存货清查的内容及方法

1. 存货清查的内容

存货清查是指通过对存货的实地盘点，确定存货的实有数量，并与账面结存数核对，从而确定存货实存数与账面结存数是否相符的一种专门方法。

2. 存货清查的方法

由于存货的实物形态、体积重量、堆放方式、存放地点等不同，在清查中采用的方法也会不同，常用方法主要有以下两种：

（1）实地盘点法

实地盘点法是通过点数、过磅、测量、计算等方法点清存货的数量，并鉴定其质量。

（2）技术推算法

技术推算法是指通过量方、计尺等技术方法对财产的实存数进行推算的一种方法。

二、存货清查的结果及报告

企业每年编制年度报表前，必须对存货进行一次全面清查。对存货清查的结果，应编制存货盘点报告表，将账实不符的存货记入表内，列出盘盈或盘亏的数量，并注明盘盈、盘亏的原因，报企业领导和有关部门审批。存货盘点报告表见表4—6。

表4—6　　存货盘点报告表

存货编号	名称规格	计量单位	结存数量		单价	盘盈		盘亏		盘盈（亏）原因
			账存	实存		数量	金额	数量	金额	
合计										

三、存货清查结果的会计处理

1. 账户设置

“待处理财产损溢”账户核算企业在财产清查中查明的各种财产物资的盘盈、盘亏和毁损。该账户借方登记各种财产物资的盘亏金额和批准转销的盘

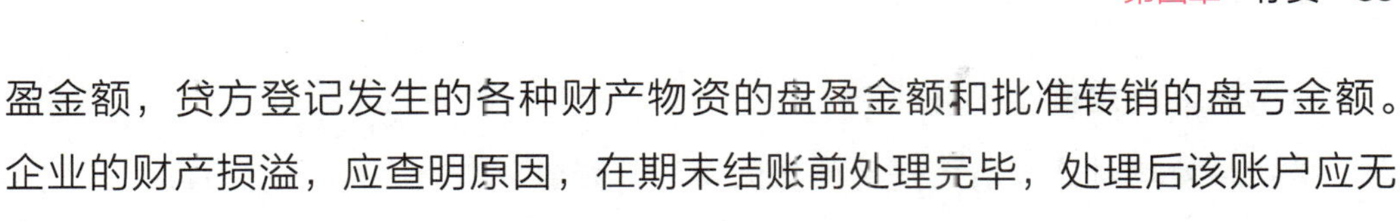

盈金额，贷方登记发生的各种财产物资的盘盈金额和批准转销的盘亏金额。企业的财产损溢，应查明原因，在期末结账前处理完毕，处理后该账户应无余额。

2. 存货盘盈

存货发生盘盈，主要是由于收发计量或核算上的错误等原因造成的，经批准后，应计入管理费用。

【例 4—29】2017 年 12 月 31 日，信达公司对原材料进行盘点，发现盘盈甲材料 1 000 千克，实际单价 11 元。经查属于收发计量方面的错误。编制会计分录如下：

（1）批准处理前

借：原材料——甲材料　　11 000

　　贷：待处理财产损溢——待处理流动资产损溢　　11 000

（2）批准处理后

借：待处理财产损溢——待处理流动资产损溢　　11 000

　　贷：管理费用　　11 000

3. 存货盘亏和毁损

造成存货盘亏和毁损的原因是多方面的，报经批准后，应根据不同的原因，针对不同的情况进行会计处理：属于合理的定额损耗，经批准后转作管理费用；属于计量收发差错和管理不善等原因造成的损耗，扣除过失人赔偿后，净损失计入管理费用；属于自然灾害或意外事故造成的损失，扣除残料价值和过失人赔偿后，净损失计入营业外支出。

知识链接

> 企业因自然灾害、意外事故以及管理不善造成存货的非正常损失或毁损，还应按规定税率转出增值税的进项税额。

【例 4—30】2017 年 12 月 31 日，信达公司进行存货清查，发现乙材料盘亏 15 千克，单位实际成本 60 元，增值税为 153 元。经查属于管理不善造成的毁损，应收过失人赔偿金 200 元。编制会计分录如下：

（1）批准处理前

借：待处理财产损溢——待处理流动资产损溢　　1 044

　　贷：原材料——乙材料　　900

　　　　应交税费——应交增值税（进项税额转出）　　144

（2）批准处理后

借：管理费用　　844

　　其他应收款　　200

　　贷：待处理财产损溢——待处理流动资产损溢　　1 044

练习题

一、填空题

1. 存货确认应满足的两个条件是：________和________。

2. 发出存货的计价方法包括__________、__________和________。

3. 我国企业会计准则规定，资产负债表日，存货应当按照________计量。

4. 存货清查主要采用的两种方法为________和________。

二、单选题

1. 下列选项中，不属于企业存货核算范畴的是（　　）。

A. 包装物　　B. 低值易耗品

C. 在途物资　　D. 工程物资

2. 企业购进存货时，运输途中发生的合理损耗应（　　）。

A. 计入管理费用　　B. 计入销售费用

C. 由运输单位赔偿　　D. 计入存货采购成本

3. 在计划成本法下，材料入库时的超支差应记入（　　）。

A. “材料成本差异”账户的借方　　B. “材料成本差异”账户的贷方

C. “原材料”账户的借方　　D. “原材料”账户的贷方

4.（　　）所确定的发出存货的成本比较符合实际情况，期末结存存货成本的计算比较真实，而且可以随时结存发出存货成本。

A. 个别计价法　　B. 先进先出法

C. 全月一次加权平均法　　D. 移动加权平均法

三、业务题

1. 2018 年 4 月 1 日，信达公司销售部门领用一批办公用具，实际成本 6 000 元。该批办公用品采用五五摊销法进行摊销。

要求：根据资料编制办公用具领用、摊销、报废相关的会计分录。

2. 2018 年 12 月 31 日，信达公司进行存货清查，发现乙材料盘亏 200 千克，单位实际成本 60 元。经查属于意外事故造成的毁损，应由保险公司赔偿 2 000 元。

要求：根据资料编制相关的会计分录。

第五章 固定资产

学习目标

- 了解固定资产的特征和确认条件
- 了解固定资产的分类
- 理解固定资产后续支出的核算
- 掌握固定资产取得的核算
- 掌握固定资产折旧的计算方法及核算
- 掌握固定资产处置、清查的核算

第一节 固定资产概述

一、固定资产的概念及特征

固定资产是指同时具有以下特征的有形资产：一是为生产商品、提供劳务、出租或经营管理而持有，二是使用寿命超过一个会计年度。

固定资产是企业的劳动手段，也是企业赖以生产经营的主要资产，是企业进行生产经营活动的前提和基础。作为企业的固定资产应具有以下特征：

第一，是为生产商品、提供劳务、出租或经营管理而持有的，而不是为了出售。

第二，是有形资产，并且在使用过程中保持原有的实物形态。

第三，使用寿命超过一个会计年度。

二、固定资产的确认

固定资产同时满足下列条件的，才能予以确认。

1. 与该固定资产有关的经济利益很可能流入企业

企业在确认固定资产时，需要判断与该项固定资产有关的经济利益是否很可能流入企业。实务中判断固定资产包含的经济利益是否很可能流入企业，主要依据的是与该固定资产所有权相关的风险和报酬是否转移到了企业来确定。

2. 该固定资产的成本能够可靠地计量

要确认固定资产，企业取得该固定资产所发生的支出必须能够可靠地计量。企业在确定固定资产成本时，有时需要根据所获得的最新资料，对固定资产的成本进行合理估计。如果企业能够合理地估计出固定资产的成本，则视同固定资产的成本能够可靠地计量。

课堂讨论

判断以下哪些属于固定资产？

（1）房地产开发企业有9套房屋未出售。

（2）企业购置的消防设施。

（3）企业购买办公用扫描仪。

三、固定资产的计量基础

1. 固定资产按原始成本计价

固定资产按原始成本计价又称历史成本计价，指企业购置、建造某项固定资产达到预定可使用状态前所发生的一切合理、必要的支出。在我国会计实务中，固定资产的初始计量均采用此计价方法。

2. 固定资产按重置成本计价

重置成本是指在当时的生产技术条件下，重新购建同样的或相似的固定资产所需支付的现金或现金等价物。对于企业盘盈或对报表进行补充附注说明时采用此计价方法。

3. 固定资产按账面净值计价

固定资产按账面净值计价又称折余价值计价，指固定资产原始价值或重置完全价值减去已提折旧后的净额。固定资产账面净值反映固定资产的损耗程度，与原值对比可以反映固定资产的新旧程度。这种方法适用于盘盈、盘亏、毁损固定资产的溢余或损失。

四、固定资产的分类

企业固定资产的种类繁多，为了加强对固定资产的管理，便于组织固定资产的核算，根据管理的不同需要，固定资产可以按照不同的标准进行分类。

1. 按经济用途分类

固定资产按经济用途可分为生产经营用固定资产和非生产经营用固定资产。

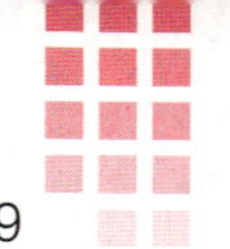

（1）生产经营用固定资产是指直接服务于生产经营全过程的固定资产，如厂房、机器设备、办公楼、工具、运输车辆等。

（2）非生产经营用固定资产是指不直接服务于生产经营的各种固定资产，如职工宿舍、食堂、幼儿园、浴室、医务室、图书馆等其他方面使用的房屋、设备等固定资产。

2. 按使用情况分类

固定资产按使用情况可分为使用中的固定资产、未使用的固定资产和不需用的固定资产。

（1）使用中的固定资产是指企业正在使用中的各种固定资产，包括由于季节性和大修理等原因暂时停用，以及存放在使用部门以备替换使用的机器设备，出租给其他单位使用的固定资产，也属于使用中的固定资产。

（2）未使用的固定资产是指尚未投入使用的新增固定资产和经批准停止使用的固定资产。

（3）不需用的固定资产是指企业不需用、准备处理的固定资产。

3. 按所有权情况分类

固定资产按所有权可分为自有固定资产和租入固定资产。

（1）自有固定资产是指企业拥有所有权的各种固定资产。

（2）租入固定资产是指企业以租赁方式从外部租来的固定资产，经营租赁资产所有权不属于承租人，承租人只拥有使用权。租入固定资产又可分为经营租赁固定资产和融资租赁固定资产。

4. 按经济用途和使用情况等综合分类

按经济用途和使用情况等综合分类，可把固定资产分为以下七类。

（1）生产经营用固定资产。

（2）非生产经营用固定资产。

（3）出租固定资产，是指以经营租赁方式出租给外单位使用的固定资产。

（4）不需用固定资产。

（5）未使用固定资产。

（6）融资租入固定资产，是指以融资租赁方式租入的固定资产，在租赁期内，企业视为自有的固定资产进行管理。

（7）土地，是指过去已经估价单独入账的土地。因征地而支付的补偿费，应计入与土地有关的房屋、建筑物的价值内，不单独作为土地价值入账。企业取得的土地使用权应作为无形资产管理，不作为固定资产管理。

每家企业的经营性质、经营规模不同，对固定资产的分类也不一致。但在实际工作过程中，大多数企业采用综合分类的方法作为固定资产核算的依据。

第二节　固定资产的取得

一、固定资产核算的账户设置

为了核算固定资产的取得，企业一般需要设置“固定资产”“在建工程”“工程物资”等账户。

1. “固定资产”账户

该账户核算企业持有的固定资产原价，借方登记增加固定资产的原价，贷方登记减少固定资产的原价，期末余额在借方，反映企业现有固定资产的原价。该账户按照固定资产的类别设置明细账，进行明细分类核算。

2. “在建工程”账户

该账户核算企业基建、更新改造等在建工程发生的支出，借方登记企业建设过程中发生的各项支出，贷方登记结转已完工在建工程的成本，期末余额在借方，反映企业尚未达到预定可使用状态的在建工程的成本。该账户可按“建筑工程”“安装工程”“在安装设备”“待摊支出”以及“单项工程”等设置明细账，进行明细分类核算。

3. “工程物资”账户

该账户核算企业为在建工程准备的各种物资的成本，包括工程用材料、尚未安装的设备以及为生产准备的工器具等，借方登记购入工程物资的实际成本，贷方登记领用工程物资的实际成本，期末余额在借方，反映企业为在建工程准备的各种物资的成本。该账户可按“专用材料”“专用设备”“工器具”等设置明细账，

进行明细分类核算。

二、固定资产取得的核算

1. 外购的固定资产

（1）企业购入不需要安装的固定资产

按实际支付的购买价款、相关税费以及使固定资产达到预定可使用状态前所发生的可归属于该项资产的运输费、装卸费、安装费等作为固定资产的取得成本，借记“固定资产”账户，贷记“银行存款”等账户。

知识链接

1. 增值税小规模纳税人购入固定资产，进项税额不允许抵扣，应计入固定资产成本。

2. 购入固定资产时缴纳的契税因属于必要的相关税费，应该计入固定资产成本。

3. 购入车辆时缴纳的车辆购置税因属于必要的相关税费，应该计入固定资产成本。

【例 5—1】信达公司为增值税一般纳税人，购入不需要安装的生产用设备一台，增值税专用发票上注明价款 100 000 元，增值税 16 000 元，取得增值税专用发票注明运费 5 000 元，增值税 500 元，所有款项均通过银行存款付清。编制会计分录如下：

借：固定资产　　105 000（100 000+5 000）

　　应交税费——应交增值税（进项税额）　　16 500（16 000+500）

　　贷：银行存款　　121 500

（2）购入需要安装的固定资产

在购入的固定资产需要安装时，应在取得成本的基础上加上安装调试等费用，作为购入固定资产的成本，先通过“在建工程”账户，待达到预定可使用状态时，由“在建工程”账户转入“固定资产”账户。

【例 5—2】2018 年 8 月 1 日，信达公司购入一台需要安装的机器设备，取得的增值税专用发票上注明设备价款为 500 000 元，增值税为 80 000 元；支付的运输费 4 000 元，增值税为 400 元，款项已通过银行存款支付；安装设备时，领用本公司原材料一批，价值 20 000 元，支付安装工人的工资为 7 000 元。假定不考虑其他相关税费。编制会计分录如下：

（1）购入机器设备

借：在建工程——在安装设备 504 000

应交税费——应交增值税（进项税额） 80 400

贷：银行存款 584 400

（2）领用本公司原材料并支付安装工人工资

借：在建工程——在安装设备 27 000

贷：原材料 20 000

应付职工薪酬 7 000

（3）设备安装完毕达到预定可使用状态

固定资产的成本 =504 000+27 000=531 000（元）

借：固定资产——生产经营用固定资产 531 000

贷：在建工程——在安装设备 531 000

知识链接

> 如果生产经营用固定资产需要安装，在安装过程中，领用外购原材料，与原材料相关的进项税额无须转出；如果领用自产产品，不视同销售，直接按照产品成本计入在建工程。

企业作为增值税一般纳税人，自 2016 年 5 月 1 日后取得并按固定资产核算的不动产，以及 2016 年 5 月 1 日后取得的不动产在建工程，取得增值税专用发票并通过税务机关认证时，按增值税专用发票上注明的价款，借记“工程物资”“在建工程”“固定资产”等账户，其进项税额应按照有关规定自取得之日起分 2 年从销项税额中抵扣，当期可抵扣的进项税额按增值税专用发票上注明进项税额的 60% 计算，借记“应交税费——应交增值税（进项税额）”账户；增值税专用发票上注明进项税额的 40% 自取得扣税凭证的当月起第 13 个月可抵扣，借记“应交税费——待抵扣进项税额”账户；按实际支付的金额，贷记“银行存款”等账户。尚未抵扣的进项税额待下年度同月允许抵扣时，按允许抵扣的金额，借记“应交税费——应交增值税（进项税额）”账户，贷记“应交税费——待抵扣进项税额”账户。

【例 5—3】2018 年 8 月 1 日，信达公司购入一幢办公楼并交付使用，取得的增值税专用发票上注明价款为 50 000 000 元，增值税为 8 000 000 元，款项以银行存款支付。信达公司为增值税一般纳税人，进项税额分 2 年从销项税额中抵扣，当年可抵扣 60%，剩余 40% 下年度抵扣。编制会计分录如下：

（1）2018 年 8 月 1 日，购入固定资产

借：固定资产　　50 000 000

　　应交税费——应交增值税（进项税额）　　4 800 000

　　应交税费——待抵扣进项税额　　3 200 000

　　贷：银行存款　　58 000 000

（2）2019 年 8 月 1 日，进项税额可抵扣销项税额

借：应交税费——应交增值税（进项税额）　　3 200 000

　　贷：应交税费——待抵扣进项税额　　3 200 000

2. 自行建造的固定资产

自行建造的固定资产，有自营工程和出包工程两种方式。按建造该项资产达到预定可使用状态前所发生的必要支出作为入账价值，核算时应先将相关支出计入“在建工程”账户，待达到预定可使用状态时再转入“固定资产”账户。

（1）自营工程

自营工程是指企业自己建造固定资产的工程，包括新建和技术更新改造工程。通过“在建工程”账户下设置明细分类账进行工程成本的核算。一般纳税企业购入工程所需的设备物资，通过“工程物资”账户核算，工程领用时转入“在建工程”账户；工程建设过程中发生的工资等其他费用，直接通过“在建工程”账户核算，待达到预定可使用状态时再转入“固定资产”账户。

【例 5—4】2018 年 8 月 10 日，信达公司自建一幢厂房，购入为工程准备的各种物资为 400 000 元，支付的增值税为 64 000 元，款项以银行存款支付，物资全部用于工程建设。领用本企业生产的一批产品，实际成本为 70 000 元，相关进项税额为 11 200 元；应付工程人员工资 90 000 元，以银行存款支付其他费用 40 000 元，增值税 4 000 元，工程完工并达到预定可使用状态。编制会计分录如下：

（1）购入工程物资

借：工程物资　　400 000

　　应交税费——应交增值税（进项税额）　　38 400

　　应交税费——待抵扣进项税额　　25 600

贷：银行存款 464 000

（2）工程领用工程物资

借：在建工程 400 000

贷：工程物资 400 000

（3）工程领用本企业生产的产品

借：在建工程 70 000

贷：库存商品 70 000

同时，根据现行增值税制度规定，核算领用产品的进项税额中以后期间可以抵扣的40%。

借：应交税费——待抵扣进项税额 4 480

贷：应交税费——应交增值税（进项税额转出） 4 480

（4）发生工程人员工资

借：在建工程 90 000

贷：应付职工薪酬 90 000

（5）支付工程发生的其他费用

借：在建工程 40 000

应交税费——应交增值税（进项税额） 2 400

应交税费——待抵扣进项税额 1 600

贷：银行存款 44 000

工程完工转入固定资产的成本 =400 000+70 000+90 000+40 000

=600 000（元）

借：固定资产 600 000

贷：在建工程 600 000

知识链接

购进工程物资用于不动产在建工程发生的增值税进项税额分年抵扣，其进项税额应按照有关规定分两年从销项税额中抵扣，第一年抵扣比例为60%（自取得之日起），第二年抵扣比例为40%（第13个月）。在建工程领用本企业的产品，其相关的增值税进项税额，同样自取得之日起分两年从销项税额中抵扣。

（2）出包工程

出包工程是指企业通过招标方式将工程项目发包给建造承包商，由建造承包商组织施工的建筑工程和安装工程。企业采用出包方式进行的固定资产工程，主要是反映企业与建造承包商办理工程价款结算的情况，企业支付给建造承包商的工程价款作为工程成本，通过“在建工程”账户核算。工程达到预定可使用状态时，将“在建工程”账户余额转入“固定资产”账户。

【例 5—5】信达公司以出包方式建造一座厂房，按规定先预付工程款 300 000 元，工程完工后，根据工程决算单，补付工程款 250 000 元，增值税税率为 10%，工程验收后交付使用。编制会计分录如下：

（1）预付工程价款

借：在建工程——建筑工程（厂房）	300 000	
应交税费——应交增值税（进项税额）	18 000	
应交税费——待抵扣进项税额	12 000	
贷：银行存款		330 000

（2）补付工程价款

借：在建工程——建筑工程（厂房）	250 000	
应交税费——应交增值税（进项税额）	15 000	
应交税费——待抵扣进项税额	10 000	
贷：银行存款		275 000

（3）工程验收交付使用

借：固定资产——生产经营用固定资产	550 000	
贷：在建工程——建筑工程（厂房）		550 000

3. 接受捐赠的固定资产

企业接受捐赠的固定资产，应按以下规定确定其入账价值：

（1）捐赠方提供了有关凭据的，按凭据上标明的金额加上应支付的相关税费，作为入账价值。

（2）捐赠方没有提供有关凭据的，按如下顺序确定其入账价值：

1）同类或类似固定资产存在活跃市场的，按同类或类似固定资产的市场价格估计的金额，加上应支付的相关税费，作为入账价值。

2）同类或类似固定资产不存在活跃市场的，按该接受捐赠的固定资产的预计未来现金流量现值，作为其入账价值。

【例 5—6】信达公司接受某单位捐赠的一台设备，价值 500 000 元，未发生其他费用。编制会计分录如下：

借：固定资产　　500 000

　　贷：营业外收入——捐赠利得　　500 000

4. 投资者投入的固定资产

企业接受投资者投入的固定资产，按投资合同或协议约定的价值，借记“固定资产”账户，贷记“实收资本”（或“股本”）账户。

【例 5—7】信达公司收到乙企业投入的一项固定资产，乙企业固定资产账面原价为 120 000 元，已提折旧 30 000 元；信达公司接受投资时对该固定资产进行评估，评估价值为 100 000 元，双方同意以评估值确认投资额。编制会计分录如下：

借：固定资产　　100 000

　　贷：实收资本　　100 000

三、固定资产取得的明细分类核算

为了加强对固定资产的管理，企业除了对固定资产进行总分类核算外，对于取得的固定资产还应设置“固定资产卡片”“固定资产登记簿”进行明细分类核算。

“固定资产卡片”是按登记对象进行固定资产明细分类核算的账簿。企业应对每一项固定资产登记对象加以编号，以便查找核对。“固定资产卡片”应记录有关固定资产的各项明细资料，如固定资产编号、名称、规格、技术特征、附属物、使用单位、所在地点、建造年份、开始使用日期、中间停用日期、原值和预计使用年限、折旧率、进行大修理次数和日期、减值准备计提、转移调动情况、报废清理情况等。“固定资产卡片”通常应一式三份，一份由固定资产使用单位保管，一份由财产管理部门保管，一份由会计部门保管。为了归类反映和便于查找，“固定资产卡片”一般应存放在卡片箱内，按固定资产类别排列。会计部门保管的卡片，应定期与财产管理部门保管的卡片进行核对。固定资产卡片的正面、背面样式分别如图 5—1、图 5—2 所示。

财会部门为了分类反映固定资产的使用、保管和增减变动情况，并管理固定资产卡片，还应设置“固定资产登记簿”，即固定资产的二级账。

固定资产卡片

使用单位　　　　　　　　　　填表日期：　　　年　　月　　日

类别		出厂或交接验收日期		预计使用年限	
编号		购入或使用日期		预计残值	
名称		放置或使用地址		预计清理费用	
型号规格		负责人		月折旧率	
建造单位		总造价		月大修理费用提存率	

设备主要技术参数或建筑物占地面积、建筑面积及结构	设备主要配件名称数量或建筑物附设设备	大修理记录		固定资产改变记录
		时期	项目	

图 5—1　固定资产卡片的正面

原值及折旧记录				
年度	摘要	原值	折旧	净值

年度	是否保险	年度	是否保险	年度	是否保险

调出记录	报废清理记录
调出日期________	报废清理日期________
记账凭证号码________	记账凭证号码________
调入单位________	原　值________
原　值________	已提折旧________
已提折旧________	支价收入________
调拨价________	清理费用________
调出原因________	报废清理原因________
停用记录	备注

图 5—2　固定资产卡片的背面

第三节 固定资产的折旧

一、固定资产折旧的概念

固定资产折旧是指在固定资产预计使用寿命内，按照确定的方法对应计折旧额进行系统分摊。固定资产的损耗有两种：有形损耗和无形损耗。有形损耗是由于使用而发生的机械磨损，以及由于自然力的作用所引起的自然损耗；无形损耗是指科学技术进步以及劳动生产率提高等原因而引起的固定资产价值的损失。一般情况下，当计算固定资产折旧时，要同时考虑这两种损耗。

二、固定资产计提折旧应考虑的因素

1. 固定资产折旧计提基数

固定资产折旧计提基数为取得固定资产的原始成本，即固定资产的账面原价。企业会计制度规定，一般以固定资产的原值作为计提折旧的依据。

2. 固定资产预计使用年限

固定资产预计使用年限是指企业使用固定资产的预计期间，或者该固定资产所能生产产品或提供劳务的数量。企业在预计固定资产的使用寿命时应考虑以下因素：

（1）该固定资产的预计生产能力或实物产量。

（2）该固定资产的有形损耗，如因设备使用中发生磨损，房屋建筑物受到自然侵蚀等。

（3）该固定资产的无形损耗，如因新技术的进步而使现有的资产技术水平相对陈旧、市场需求变化使产品过时等。

（4）有关固定资产使用的法律或者类似的限制。

3. 固定资产折旧方法

企业计提折旧的方法有多种，包括年限平均法、工作量法、年数总和法和双倍余额递减法，企业应当根据固定资产所含经济利益预期实现方式选择不同的方法，企业选用的折旧方法不同，计提折旧额相差很大。

4. 固定资产预计净残值

固定资产预计净残值是指固定资产使用期满后，残余的价值减除应支付的固定资产清理费用后的那部分价值。

三、固定资产折旧的计算方法

固定资产折旧的计算方法有年限平均法、工作量法、双倍余额递减法和年数总和法，其中年限平均法和工作量法称为直线法，双倍余额递减法和年数总和法又称为加速折旧法。企业固定资产折旧方法一经确定，不得随意变更。

1. 年限平均法

年限平均法又称直线法，是指将固定资产的折旧均衡地分摊到各期的一种会计处理方法。采用这种方法计算的每期折旧额均是相等的，计算公式为：

年折旧额 =（固定资产原值 - 预计净残值）÷ 预计使用年限

　　　　 = 固定资产原值 ×（1- 预计净残值率）÷ 预计使用年限

月折旧额 = 年折旧额 ÷12

或：年折旧率 =（1- 预计净残值率）÷ 预计使用年限 ×100%

月折旧率 = 年折旧率 ÷12

月折旧额 = 固定资产原值 × 月折旧率

【例 5—8】信达公司有一台生产用机器设备，原价为 9 060 000 元，预计使用 10 年，预计净残值为 60 000 元。该机器设备每月计提的折旧额计算如下：

年折旧额 =（9 060 000–60 000）÷10=900 000（元）

月折旧额 = 年折旧额 ÷12=900 000÷12=75 000（元）

【例 5—9】信达公司有一套办公用房，原价为 12 000 000 元，预计使用 20 年，预计净残值率为 4%。该办公用房每月计提的折旧金额计算如下：

年折旧率 =（1–4%）÷20×100%=4.8%

月折旧率 = 4.8%÷12=0.4%

月折旧额 =12 000 000×0.4%=48 000（元）

采用年限平均法计算固定资产折旧，优点是计算方法简单，缺点是随着固定资产的使用，修理费越来越多，到资产的使用后期修理费会大大高于固定资产购入的前几年，从而影响企业的所得税额和利润。

2. 工作量法

工作量法是根据实际工作量计提折旧额的一种会计处理方法，计算公式为：

单位工作量折旧额 = 固定资产原价 ×（1– 预计净残值率）÷ 预计总工作量

某项固定资产月折旧额 = 该项固定资产当月工作量 × 单位工作量折旧额

【例 5—10】信达公司有一辆运输卡车，原价为 500 000 元，预计总行驶里程为 500 000 公里，预计报废时的净残值率为 3%，本月行驶 3 000 公里。该辆卡车的月折旧额计算如下：

单位里程折旧额 =500 000×（1–3%）÷500 000=0.97（元 / 公里）

本月折旧额 =3 000×0.97=2 910（元）

这种方法可以弥补年限平均法只重视使用时间、不考虑使用强度的缺点。

3. 双倍余额递减法

双倍余额递减法是在不考虑固定资产残值的情况下，根据每期期初固定资产账面余额和双倍直线折旧率计算固定资产折旧的一种会计处理方法，计算公式为：

年折旧率 =2÷ 预计使用年限 ×100%

年折旧额 = 固定资产账面净值 × 年折旧率

每年各月折旧额根据年折旧额除以 12 来计算。

在固定资产使用年限到期前两年内，将固定资产的账面净值扣除预计净残值后的余额平均摊销。也就是说，最后两年按直线法摊销折旧。

【例 5—11】信达公司有一项固定资产的原价为 800 000 元，预计使用年限为 5 年，预计净残值为 2 000 元。按双倍余额递减法计提折旧，每年的折旧额计算如下：

年折旧率 =2÷5×100%=40%

第 1 年应提的折旧额 = 800 000×40%=320 000（元）

第 2 年应提的折旧额 =（800 000–320 000）×40%=192 000（元）

第 3 年应提的折旧额 =（800 000–320 000–192 000）×40%=115 200（元）

注意：从第 4 年起改用年限平均法（直线法）计提折旧。

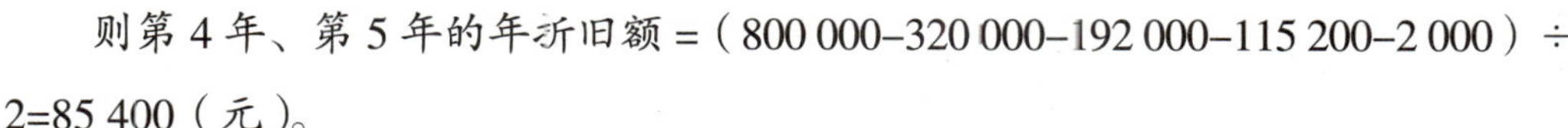

则第 4 年、第 5 年的年折旧额 =（800 000–320 000–192 000–115 200–2 000）÷ 2=85 400（元）。

双倍余额递减法的特点是在固定资产有效使用年限的前期多提折旧，后期少提折旧，从而相对加快折旧的速度，以使固定资产成本在有效使用年限中加快得到补偿。

4. 年数总和法

年数总和法是将固定资产的原值减去预计净残值后的净额和以一个逐年递减的分数计算每年的折旧额，这个分数的分子代表固定资产尚可使用的年数，分母代表使用年数的逐年数字总和，计算公式为：

年折旧率 = 尚可使用年限 ÷ 预计使用年限的年数总和 ×100%

折旧额 =（固定资产原值 – 预计净残值）× 折旧率

【例 5—12】信达公司为增值税一般纳税人，购入不需要安装的生产设备一台，该设备原价为 3 020 000 元，预计使用寿命为 5 年，预计净残值为 20 000 元，采用年数总和法计提折旧，每年的折旧额计算如下：

第 1 年计提的折旧额 =（3 020 000–20 000）×5 ÷（1+2+3+4+5）=1 000 000（元）

第 2 年计提的折旧额 =（3 020 000–20 000）×4 ÷（1+2+3+4+5）=800 000（元）

第 3 年计提的折旧额 =（3 020 000–20 000）×3 ÷（1+2+3+4+5）=600 000（元）

第 4 年计提的折旧额 =（3 020 000–20 000）×2 ÷（1+2+3+4+5）=400 000（元）

第 5 年计提的折旧额 =（3 020 000–20 000）×1 ÷（1+2+3+4+5）=200 000（元）

年数总和法所计算的折旧额随着年数的增加而逐渐递减，这样可以保持固定资产使用成本的均衡性和防止固定资产因无损耗而遭受的损失。

采用加速折旧法，可使固定资产成本在使用期限中快速得到补偿。但这并不是指固定资产提前报废或多提折旧，因为不论采用哪种方法计提折旧，从固定资产全部使用期间来看，折旧总额不变。因此，对企业的净收益总额并无影响。但从各个具体年份来看，由于采用加速折旧法，使应计折旧额在固定资产使用前期计提较多而后期摊销较少。

课堂讨论

以上所讲这几种折旧方法是不是最终都要考虑预计净残值？

四、固定资产计提折旧的范围

1. 固定资产计提折旧的项目范围

（1）应计提折旧的固定资产

应计提折旧的固定资产包括：①生产经营用固定资产；②非生产经营用固定资产；③季节性停用和大修理停用的机器设备；④以经营租赁方式租出的固定资产；⑤以融资租赁方式租入的固定资产；⑥未使用、不需用固定资产；⑦已达到预定可使用状态但尚未办理竣工决算的固定资产。

（2）不应计提折旧的固定资产

根据规定，企业应对所有的固定资产计提折旧，但是以下情况除外：①已提足折旧仍继续使用的固定资产；②单独计价入账的土地。

2. 固定资产计提折旧的时间范围

固定资产应当按月计提折旧，当月增加的固定资产，当月不计提折旧，从下月起计提折旧；当月减少的固定资产，当月仍计提折旧，从下月起不计提折旧。所以，企业计提折旧的固定资产可以完整表述为：月初应计提折旧的固定资产。

【例 5—13】信达公司是增值税一般纳税人，2019 年 3 月 1 日购入需要安装的一台设备，增值税专用发票上注明设备价款为 1 000 000 元，增值税为 160 000 元。在安装过程中，以银行存款支付安装费 120 000 元，安装工人工资 70 000 元。该设备于 2019 年 3 月 30 日达到预定可使用状态。信达公司对该设备采用年限平均法计提折旧，预计使用年限为 10 年，预计净残值为 20 000 元。假定不考虑其他因素，2019 年该设备应计提的折旧额为多少万元？

解析：该设备的入账价值 =1 000 000+120 000+70 000=1 190 000（元），从 2019 年 4 月份开始计提折旧，2019 年度该设备应计提的折旧额 =（1 190 000−20 000）÷10÷12×9=87 750（元）。

知识链接

根据企业所得税法，固定资产计算折旧的最低年限如下：

（一）房屋、建筑物，为 20 年。

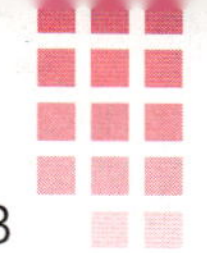

（二）飞机、火车、轮船、机器、机械和其他生产设备，为10年。
（三）与生产经营活动有关的器具、工具、家具等，为5年。
（四）飞机、火车、轮船以外的运输工具，为4年。
（五）电子设备，为3年。

五、固定资产计提折旧的核算

固定资产应当按月计提折旧，计提的折旧应当记入“累计折旧”账户。该账户核算企业固定资产的累计折旧，借方登记转出减少固定资产折旧额，贷方登记计提固定资产的折旧额，期末余额在贷方，反映企业固定资产的累计折旧额，该账户按固定资产的类别或项目进行明细核算。

固定资产按月计提的折旧额，应根据固定资产的用途计入相关资产的成本或者当期损益。企业自行建造固定资产过程中使用的固定资产计提的折旧应记入“在建工程”账户，基本生产车间使用的固定资产计提的折旧记入“制造费用”账户，管理部门使用的固定资产计提的折旧记入“管理费用”账户，销售部门使用的固定资产计提的折旧记入“销售费用”账户，经营租出的固定资产计提的折旧记入“其他业务成本”账户，无形资产研发使用的固定资产计提的折旧记入“研发支出”账户。

【例5—14】信达公司2018年6月份固定资产计提折旧情况如下：生产车间计提折旧30 000元，管理部门计提折旧60 000元，销售部门计提折旧32 000元，在建工程项目计提折旧23 000元，无形资产研发部门计提折旧54 000元，出租的固定资产计提折旧48 000元。编制会计分录如下：

	借方	贷方
借：制造费用	30 000	
管理费用	60 000	
销售费用	32 000	
在建工程	23 000	
研发支出	54 000	
其他业务成本	48 000	
贷：累计折旧		247 000

第四节 固定资产的减值及后续支出

一、固定资产的减值

1. 固定资产减值准备的确认标准

为了客观、真实地反映期末固定资产的价值，在资产负债表日，应对固定资产进行检查，若发现可收回金额低于固定资产的账面价值，即为固定资产减值。若存在可能发生减值的迹象时，企业应当计提相应的资产减值准备。这也体现了会计核算的谨慎性原则，避免资产的虚增而导致企业利润的虚增，同时保证企业财务资料的真实性、可比性。

企业应当于期末对固定资产进行检查，如发现存在下列情况，应当计算固定资产的可收回金额，以确定固定资产是否已经发生减值：

（1）固定资产市价大幅度下跌，其跌幅大大高于因时间推移或正常使用而预计的下跌，并且预计暂时不可能恢复。

（2）企业所处经营环境，如技术、市场、经济或法律环境，或者产品营销市场在发生或预计发生重大变化，并对企业产生负面影响。

（3）同期市场利率等大幅度提高，进而很可能影响企业计算固定资产可收回金额的折现率，并导致固定资产可收回金额大幅度降低。

（4）固定资产陈旧过时或发生实体损坏等。

（5）固定资产预计使用方式发生重大不利变化，如企业计划终止或重组该资产所属的经营业务、提前处置资产等情形，从而对企业产生负面影响。

（6）其他有可能表明资产已发生减值的情形。

当存在发生减值的迹象时，企业应当将该固定资产的账面价值减记至可收回金额，减记的金额确认为减值损失，计入当期损益，同时计提相应的资产减值准备。

2. 固定资产减值准备的会计处理

“固定资产减值准备”账户核算企业固定资产的减值准备情况。固定资产发生减值的，按应减记的金额，借记“资产减值损失”账户，贷记该账户；处置固定资产还应同时结转减值准备，借记该账户；期末余额在贷方，反映企业已计提但尚未转销的固定资产减值准备。

固定资产减值损失一经确认，在以后会计期间不得转回。

【例 5—15】2018 年 12 月 31 日，信达公司的某生产线存在可能发生减值的迹象。经计算，该生产线的可收回金额为 860 000 元，账面价值为 980 000 元，以前年度对该生产线未计提过减值准备。编制会计分录如下：

借：资产减值损失　　　　120 000

　　贷：固定资产减值准备　　　　120 000

二、固定资产的后续支出

固定资产的后续支出是指固定资产在使用过程中发生的更新改造支出、修理费用等。企业的固定资产投入使用以后，各个构成部分的耐用程度是不同的，可能会导致局部损坏。为维护固定资产的正常运转和使用，充分发挥其效能，企业应对固定资产进行必要的修理和维护。

1. 资本化的后续支出

与固定资产有关的更新改造等后续支出，符合固定资产确认条件的，应当计入固定资产成本。企业进行更新改造时，应将相关固定资产的原价、已计提的累计折旧和减值准备转销，将“固定资产”的账面价值转入“在建工程”账户。当发生可能涉及替换原固定资产的某组成部分，当发生的后续支出符合固定资产确认条件时，应将其计入固定资产成本，同时将被替换部分的账面价值扣除。待固定资产发生的后续支出完工并达到预定可使用状态时，再从“在建工程”账户转为“固定资产”账户，并按重新确定的使用寿命、预计净残值和折旧方法计提折旧。

【例 5—16】信达公司扩建一条生产线，该生产线原价为 12 000 000 元，已提折旧 3 000 000 元，扩建生产线发生相关支出 5 000 000 元，增值税专用发票上注明增值税为 800 000 元，改、扩建过程中，被替换部件的账面价值为 1 500 000 元，无残值收入，且满足固定资产确认条件，不考虑其他因素。编制会计分录如下：

（1）将生产线转入改、扩建

借：在建工程　　9 000 000
　　累计折旧　　3 000 000
　　贷：固定资产　　12 000 000

（2）发生改、扩建工程支出

借：在建工程　　5 000 000
　　应交税费——应交增值税（进项税额）　　800 000
　　贷：银行存款　　5 800 000

（3）终止确认被替换部件的账面价值

借：营业外支出　　1 500 000
　　贷：在建工程　　1 500 000

（4）改、扩建工程达到预定可使用状态

借：固定资产　　12 500 000
　　贷：在建工程　　12 500 000

2. 费用化的后续支出

与固定资产有关的修理费用等后续支出，不符合固定资产确认条件的，应当根据不同情况，分别于发生时计入当期损益。企业生产车间（部门）和行政管理部门发生的固定资产日常修理费用等后续支出，记入“管理费用”账户；企业专设销售机构发生的固定资产日常修理费用等后续支出，记入“销售费用”账户。

【例 5—17】信达公司对车间的设备进行修理，维修利用本企业的材料 6 000 元，应支付本企业维修人员的工资 20 000 元。编制会计分录如下：

借：管理费用　　26 000
　　贷：原材料　　6 000
　　　　应付职工薪酬　　20 000

3. 后续支出在会计实务中的运用

（1）企业固定资产（非租入）发生的装修费用，如满足固定资产的确认条件，则计入固定资产的成本中，在“固定资产”账户下设置“固定资产装修”明细账户进行核算。在两次装修期间或尚可使用年限内两者中选择孰短的期间计提折旧。

（2）企业以融资租赁方式租入的固定资产发生的装修费用，如符合相关规定可以资本化的，应在两次装修期间、剩余租赁期、尚可使用年限三者中选择较短的期间计提折旧。

（3）企业以经营租赁方式租入的固定资产发生的改良支出，应作为长期待摊费用处理。即先通过“长期待摊费用”账户归集，然后在剩余租赁期与租赁资产尚可使用年限两者中选择孰短的期间，采用合理的方法进行摊销，计入当期损益。

“长期待摊费用”账户用于核算企业已经支出、但摊销期限在1年以上（不含1年）的各项费用，包括固定资产修理支出、租入固定资产的改良支出以及摊销期限在1年以上的其他待摊费用。企业发生的长期待摊费用，借记该账户，贷记“银行存款”“原材料”等账户；摊销长期待摊费月时，借记“管理费用”“销售费用”等账户，贷记该账户；期末借方余额，反映企业尚未摊销完毕的长期待摊费用的摊余价值，企业应按费用的种类设置明细账，进行明细核算。

【例5—18】2018年9月1日，信达公司对其以经营租赁方式租入的销售用房进行装修，发生以下支出：领用生产用材料300 000元，购进该批原材料时支付增值税48 000元，有关人员薪酬145 000元。2018年12月25日，该销售用房装修完工，达到预定可使用状态并交付使用，其剩余租赁期8年，尚可使用年限10年，采用直线法摊销。假定不考虑其他因素。编制会计分录如下：

（1）二程领用材料

借：在建工程　　　　300 000

　　贷：原材料　　　　300 000

同时，根据现行增值税制度规定，领用材料的进项税额中以后期间可抵扣的40%。

借：应交税费——待抵扣进项税额　　　　19 200

　　贷：应交税费——应交增值税（进项税额转出）　　　　19 200

（2）发生工程人员薪酬

借：在建工程　　　　145 000

　　贷：应付职工薪酬　　　　145 000

（3）工程达到预定可使用状态并交付使用

借：长期待摊费用　　　　445 000

　　贷：在建工程　　　　445 000

（4）2019年度进行摊销（假设按年摊销）

因为该销售用房剩余租赁期8年，尚可使用年限10年，因此，应按剩余租赁期8年进行摊销。每年摊销额＝445 000÷8=55 625（元）

借：销售费用　　　　55 625

　　贷：长期待摊费用　　　　55 625

第五节 固定资产的处置与清查

一、固定资产终止确认的条件

1. 该固定资产处于处置状态

固定资产处置包括固定资产的出售、转让、报废或毁损、对外投资、非货币性资产交换、债务重组等。处于处置状态的固定资产不再用于生产商品、提供劳务、出租或经营管理，因此不再符合固定资产的定义，应予终止确认。

2. 该固定资产预期通过使用或处置不能产生经济利益

固定资产的确认条件之一是“与该固定资产有关的经济利益很可能流入企业”，如果一项固定资产预期通过使用或处置不能产生经济利益，不再符合固定资产的定义和确认条件时，应予终止确认。

二、固定资产处置的核算

企业在生产经营过程中，可能存在有不需用的固定资产，企业将会予以出售；或因磨损、技术进步等原因，达到报废的标准，可对固定资产报废。对于上述事项，企业必须按照规定的程序办理相关手续，结转固定资产的账面价值。

固定资产处置包括企业对固定资产出售、报废、毁损、对外投资、非货币性资产交换、债务重组等，处置的固定资产通过“固定资产清理”账户核算。其会计处理一般经过以下几个步骤：

第一，固定资产转入清理。固定资产转入清理时，按固定资产账面价值，借记“固定资产清理”账户，按已计提的累计折旧，借记“累计折旧”账户，按已计提的减值准备，借记“固定资产减值准备”账户，按固定资产账面原价，贷记“固定资产”账户。

第二，清理费用的处理。固定资产清理过程中发生的清理费用及可抵扣的增值税进项税额，借记“固定资产清理”“应交税费——应交增值税（进项税额）”等账户，贷记“银行存款”等账户。

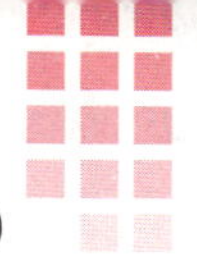

第三，出售收入和残料等的处理。企业收回出售固定资产的价款、残料价值和变价收入等，应冲减清理支出。按实际收到的出售价款以及残料变价收入等，借记“银行存款”“原材料”等账户，贷记“固定资产清理”账户。

第四，保险赔偿的处理。企业计算或收到的应由保险公司或过失人赔偿的损失，应冲减支出，借记“其他应收款”“银行存款”等账户，贷记“固定资产清理”账户。

第五，清理净损益的处理。固定资产清理完成后的净损失，属于生产经营期间正常的处理损失，借记“资产处置损益”账户，贷记“固定资产清理”账户；属于生产经营期间由于自然灾害等非正常原因造成的，借记“营业外支出——非常损失”账户，贷记“固定资产清理”账户。固定资产清理完成后的净收益，借记“固定资产清理”账户，贷记“营业外收入——非流动资产处置利得”或“资产处置损益”账户。

1. 出售的核算

【例 5—19】信达公司出售一台使用过的生产设备，增值税专用发票注明价款 190 000 元，增值税 32 300 元。该设备于 2011 年 5 月购入，账面原价 680 000 元，增值税已抵扣，已提折旧 410 000 元，出售时发生自行清理费用 21 000 元，不考虑增值税以外的相关税费。编制会计分录如下：

（1）将固定资产账面价值结转到固定资产清理

	借方	贷方
借：固定资产清理	270 000	
累计折旧	410 000	
贷：固定资产		680 000

（2）发生清理费用

	借方	贷方
借：固定资产清理	21 000	
贷：银行存款		21 000

（3）取得出售收入

	借方	贷方
借：银行存款	222 300	
贷：固定资产清理		190 000
应交税费——应交增值税（销项税额）		32 300

（4）结转出售固定资产实现的净损失

	借方	贷方
借：资产处置损益	101 000	
贷：固定资产清理		101 000

知识链接

根据税法规定：自2009年1月1日起，纳税人销售自己使用过的固定资产，应区分不同情形征收增值税：

（1）销售自己使用过的2009年1月1日以后购进或者自制的固定资产，按照适用税率征收增值税。

（2）销售自己使用过的2008年12月31日以前购进或者自制的固定资产，依3%征收率减按2%征收增值税，并且不得开具增值税专用发票，或者依照3%征收率缴纳增值税，可开具增值税专用发票。

2. 报废的核算

【例5—20】信达公司将一台被新技术淘汰的生产设备提前报废，账面原价240 000元，已提折旧140 000元，以银行存款支付自行清理费用8 000元，残料变价收入20 000元，增值税3 200元。编制会计分录如下：

（1）将设备账面价值结转到固定资产清理

借：固定资产清理　　100 000

　　累计折旧　　140 000

　　贷：固定资产　　240 000

（2）发生清理费用

借：固定资产清理　　8 000

　　贷：银行存款　　8 000

（3）取得残料变价收入

借：银行存款　　23 200

　　贷：固定资产清理　　20 000

　　　　应交税费——应交增值税（销项税额）　　3 200

（4）结转报废固定资产实现的净损失

借：资产处置损益　　88 000

　　贷：固定资产清理　　88 000

3. 毁损的核算

【例5—21】信达公司有一辆运输用卡车，因发生交通事故而毁损，账面原价350 000元，已提折旧260 000元，根据保险合同，应由保险公司赔偿70 000元，赔偿款尚未收到。编制会计分录如下：

（1）将设备账面价值结转到固定资产清理

借：固定资产清理 90 000

累计折旧 260 000

贷：固定资产 350 000

（2）确认应由保险公司赔偿损失

借：其他应收款——某保险公司 70 000

贷：固定资产清理 70 000

（3）结转非正常损失固定资产增值税

非正常损失卡车不得抵扣的进项税额 =350 000×16%×90 000÷350 000

=14 400（元）

借：固定资产清理 14 400

贷：应交税费——应交增值税（进项税额转出） 14 400

（4）结转毁损固定资产实现的净损失

借：营业外支出——非常损失 34 400

贷：固定资产清理 34 400

三、固定资产清查的核算

为保证固定资产核算的真实性，充分挖掘企业现有固定资产的潜力，企业应定期或者至少于每年年末对固定资产进行清查盘点。在固定资产清查过程中，如果发现盘盈、盘亏的固定资产，应填制固定资产盘盈、盘亏报告表。清查固定资产的损溢，应及时查明原因，并按照规定程序报批处理。

1. 固定资产盘盈的核算

《企业会计制度》规定，盘盈的固定资产按同类或类似固定资产的市场价格，减去按该项资产的新旧程度估计的价值损耗后的余额，作为入账价值。固定资产盘盈应作为前期差错记入“以前年度损益调整”账户。

企业盘盈固定资产，首先按同类或类似固定资产的市场价格，减去按该项资产的新旧程度估计的价值损耗后的余额，借记“固定资产”账户，贷记“以前年度损益调整”账户。其次再计算应纳的所得税费用，借记“以前年度损益调整”账户，贷记“应交税费——应交所得税”账户。最后按照“以前年度损益调整”

账户贷方余额的一定比例（一般为10%）来计提盈余公积，贷记“盈余公积”账户，同时将差额贷记“利润分配——未分配利润”账户。

【例5—22】2017年1月20日，信达公司在财产清查过程中，发现2016年12月购入的一条生产线尚未入账，重置成本为90 000元。根据《企业会计准则第28号——会计政策、会计估计变更和差错更正》规定，该盘盈固定资产作为前期差错进行处理。假定信达公司按净利润的10%计提法定盈余公积，企业所得税税率为25%。不考虑相关税费及其他因素的影响。编制会计分录如下：

（1）盘盈固定资产

	借方	贷方
借：固定资产	90 000	
贷：以前年度损益调整		90 000

（2）计算应纳所得税费用

	借方	贷方
借：以前年度损益调整	22 500	
贷：应交税费——应交所得税		22 500

（3）结转为留存收益

	借方	贷方
借：以前年度损益调整	67 500	
贷：盈余公积——法定盈余公积		6 750
利润分配——未分配利润		60 750

2. 固定资产盘亏的核算

固定资产盘亏是指在对固定资产清查时，固定资产的盘点实物数少于账面数的情况。对盘亏固定资产，应查明原因，填制固定资产盘亏报告单，并及时查明原因，按照规定程序报批处理。

对于盘亏的固定资产，应按盘亏固定资产的账面价值，借记“待处理财产损溢——待处理固定资产损溢”账户，按已提折旧，借记“累计折旧”账户，按该固定资产已提的减值准备，借记“固定资产减值准备”账户，按固定资产的原值，贷记“固定资产”账户。

待批准处理后，如属于责任人赔偿的，应将赔偿款部分记入“其他应收款”账户的借方，将短缺毁损固定资产的账面净值转入“营业外支出——盘亏损失”账户的借方。同时将“固定资产卡片”注销，将固定资产盘亏报告单一并归档保管。

【例5—23】信达公司年末对固定资产进行清查时，发现丢失一台计算机，该固定资产原价 9 000 元，已计提折旧 5 000 元，购入时增值税为 1 440 元。经查，丢失的原因在于保管员管理不善。经董事会批准，由固定资产管理员赔偿 1 000 元。编制会计分录如下：

（1）盘点发现计算机丢失

借：待处理财产损溢——待处理固定资产损溢 4 000

累计折旧 5 000

贷：固定资产——计算机 9 000

（2）转出不可抵扣的进项税额

借：待处理财产损溢——待处理固定资产损溢 480

贷：应交税费——应交增值税（进项税额转出） 480

（3）经董事会批准处理

借：其他应收款——××保管员 1 000

营业外支出——盘亏损失 3 480

贷：待处理财产损溢——待处理固定资产损溢 4 480

练习题

一、填空题

1. 固定资产按经济用途分类可分为________和________。
2. 固定资产的计量基础有：________、________和________。
3. 固定资产加速折旧法有：________和________。
4. 固定资产的后续支出可以分为________和________。

二、单选题

1. 某公司以出包方式建造固定资产，按规定先预付工程款，应通过（　　）账户核算。

A. 在建工程　B. 固定资产　C. 预付账款　D. 应付账款

2. 下列固定资产中，应计提折旧的是（　　）。

A. 季节性停用的设备　B. 当月交付使用的设备

C. 未提足折旧提前报废的设备　D. 已提足折旧继续使用的设备

3. 甲企业一项固定资产的原值为 80 000 元，预计使用年限为 5 年，预计净残值为 7 000 元。若按双倍余额递减法计提折旧，则该项固定资产第三年应计提的折旧额为（　　）元。

A. 32 000　　B. 19 200　　C. 11 520　　D. 5 140

4. 企业固定资产的盘亏净损失应计入（　　）。

A. 管理费用　　B. 营业外支出　　C. 资本公积　　D. 销售费用

5. 固定资产在报废时，首先应将其账面价值转入（　　）账户。

A. 固定资产清理　　B. 营业外支出

C. 待处理财产损溢　　D. 其他业务成本

三、业务题

1. 信达公司发生如下经济业务：

（1）购入一台生产用需要安装的设备，价款 100 000 元，增值税 16 000 元，运输费 2 000 元，增值税 200 元，以上款项全部用银行存款支付，已交供货商负责安装。

（2）银行存款支付供货商安装费 1 200 元，增值税 192 元。

（3）上述设备安装完毕，达到可使用状态。

（4）该公司销售部门一台设备原值 10 800 元，预计使用寿命 5 年，预计净残值率 2%，采用平均年限法计算应计提的年折旧额。

要求：编制相应的会计分录。

2. 信达公司为增值税一般纳税人，增值税税率为 16%。2018 年 9 月发生与固定资产有关的经济业务如下：

（1）2 日，购入不需要安装的一台生产设备，价款 80 000 元，增值税 12 800 元，款项用银行存款支付。

（2）10 日，购入一幢办公楼，价值 1 800 000 元，增值税 180 000 元，款项用银行存款支付。

（3）15 日，将 2010 年 5 月购入的使用过的设备出售，收到价款 200 000 元，增值税 32 000 元。该设备原价 300 000 元，增值税已经抵扣，已提折旧 70 000 元，支付清理费 10 000 元。

（4）30 日，计提本月固定资产折旧 120 000 元。其中，生产车间固定资产折旧 80 000 元，行政管理部门固定资产折旧 40 000 元。

要求：编制相应的会计分录。

3. 信达公司 2018 年以自营方式建造一幢仓库，发生如下经济业务：

（1）以银行存款购入工程用材料 600 000 元，增值税 96 000 元，材料已

验收入库。

（2）将工程用的材料全部转入施工。

（3）应负担工程人员薪酬 80 000 元。

（4）以银行存款支付其他费用 20 000 元。

（5）工程完工，达到预定可使用状态。

要求：编制相应的会计分录。

4. 信达公司在财产清查中，盘亏机器一台，其账面原值为 64 000 元，已提折旧 37 000 元。经查，机器盘亏的原因在于保管员看守不当。经批准，由保管员赔偿 1 600 元。

要求：编制相应的会计分录。

第六章

无形资产

学习目标

- 理解无形资产的定义及特征
- 掌握无形资产的内容及分类
- 掌握无形资产的确认和初始计量方法
- 掌握无形资产的核算方法
- 掌握无形资产的摊销方法
- 准确核算无形资产处置和报废

第一节 无形资产概述

一、无形资产的定义及其特征

1. 无形资产的定义

无形资产是指企业拥有或者控制的没有实物形态、可辨认的非货币性资产。

2. 无形资产的特征

无形资产与其他资产相比具有以下特征：

（1）不具有实物形态

无形资产通常表现为某种权利、某项技术或是某种可以获取超额利润的综合能力，如土地使用权、非专利技术等。它没有实物形态，却有价值，能提高企业的经济效益，或使企业获取超额收益。不具有实物形态是无形资产区别于其他资产的特征之一。

（2）具有可辨认性

资产满足下列条件之一的，符合无形资产定义中的可辨认性标准：

1）能够从企业中分离或者划分出来，并能单独或者与相关合同、资产或负债一起，用于出售、转让、授予许可、租赁或者交换。

2）源自合同性权利或其他法定权利，无论这些权利是否可以从企业或其他权利和义务中转移或者分离。

（3）属于非货币性长期资产

无形资产属于非货币性资产，且不是流动资产，是无形资产的又一特征。无形资产属于长期资产，主要是因为其能在超过企业的一个经营周期内为企业创造经济利益。

（4）在创造经济利益方面存在较大的不确定性

无形资产必须与企业其他资产结合，才能为企业创造经济利益。无形资产创造经济利益的能力较多地受外界因素的影响，如相关新技术更新换代的速度、利用无形资产所生产产品的市场接受程度等，因此，无形资产在创造经济利益方面存在较大的不确定性。

二、无形资产的内容

无形资产按照反映的经济内容一般包括专利权、非专利技术、商标权、著作权、土地使用权、特许权等。

1. 专利权

专利权是指国家专利主管机关依法授予发明创造专利申请人，对其发明创造在法定期限内所享有的专有权利，包括发明专利权和实用新型及外观设计专利权两种。发明专利权的期限为 20 年，实用新型及外观设计专利权的期限为 10 年，均自申请日起计算。发明者在取得专利权后，在有效期限内将享有专利的独占权。

2. 非专利技术

非专利技术也称专有技术，是指不为外界所知、在生产经营活动中已采用了的、不享有法律保护的、可以带来经济效益的各种技术和诀窍。

3. 商标权

商标权是指企业专门在某类指定的商品或产品上使用特定的名称或图案的权利。商标是用来辨认特定商品和劳务的标记，代表着企业的一种信誉，从而具有相应的经济价值。根据我国《商标法》规定，注册商标的有效期限为 10 年，期满可依法延长。

4. 著作权

著作权又称版权，指著作权人对其创作的文学、艺术和科学作品等智力成果依法享有的某些特殊权利。著作权包括两方面的权利，即精神权利（人身权利）和经济权利（财产权利）。前者指作品署名、发表作品、确认作者身份、保护作品的完整性，修改已经发表的作品等权利，包括发表权、署名权、修改权和保护作品完整权；后者指出版、表演、广播、展览、录制唱片、摄制影片等方式使用作品以及因授权他人使用作品而获得经济利益的权利。

5. 土地使用权

土地使用权是指国家准许某企业或单位在一定期间内对国有土地享有开发、

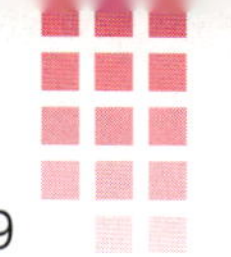

利用、经营的权利。根据我国《土地管理法》规定，我国土地实行公有制，任何单位和个人不得侵占、买卖或者以其他形式非法转让。

6. 特许权

特许权又称经营特许权、专营权，是指在某一地区经营或销售某种特定商品的权利，或是一家企业接受另一家企业使用其商标、商号、技术秘密等权利。

三、无形资产分类

无形资产可按不同的标准进行分类，以便于对其进行管理与核算。

1. 按经济寿命期限划分

无形资产按有无期限划分，可以分为有期限无形资产和无期限无形资产。

有期限无形资产是指法律或协议规定了有效期限的无形资产，如专利权、商标权、著作权等。

无期限无形资产是指没有相应法律规定其有效期限的无形资产，如非专利技术等。

2. 按不同来源划分

无形资产按其来源途径划分，可以分为外来无形资产和自创无形资产。

外来无形资产是指企业用货币资金或可以变现的资产从企业外部取得的无形资产，包括外购的无形资产、接受投资的无形资产、接受捐赠的无形资产、企业合并取得的无形资产等。

自创无形资产是指企业自行开发、研制的无形资产（商誉除外）。

四、无形资产的确认

无形资产应当在符合定义的前提下同时满足以下两个条件，才能予以确认。

1. 与该无形资产有关的经济利益很可能流入企业

作为无形资产确认的项目，必须具备其产生的经济利益很可能流入企业这一条件。因为资产最基本的特征是产生的经济利益预期很可能流入企业，如果某一项目产生的经济利益预期不能流入企业，就不能确认为企业的资产。在会计实务中，要确定无形资产所创造的经济利益是否很可能流入企业，需要对无形资产在预计使用寿命内可能存在的各种经济因素做出合理估计，并且应当有明确的证据支持。

2. 该无形资产的成本能够可靠地计量

成本能够可靠地计量，是无形资产确认的又一项基本条件。对于无形资产来说，这个条件显得十分重要。比如，企业自创商誉符合无形资产的定义，但自创商誉过程中发生的支出却难以计量，因而不能作为企业的无形资产予以确认。又比如，一些高新技术企业的科技人才，假定其与企业签订了服务合同，且合同规定其在一定期限内预期能够为企业创造经济利益，但由于这些技术人才的知识难以辨认，加之为形成这些知识所发生的确定支出难以计量，也不能作为企业的无形资产加以确认。

五、无形资产的初始计量

企业取得无形资产，应按照实际成本进行初始计量，即取得无形资产并使之达到预定用途而发生的全部支出，作为无形资产的成本。对于不同来源取得的无形资产，其成本构成不尽相同。

1. 外购无形资产

外购无形资产的成本，包括购买价款、相关税费及直接归属于使该项资产达到预定用途所发生的其他支出。

2. 投资者投入的无形资产

投资者投入无形资产的成本，应当按照投资合同或协议约定的价值确定，但合同或协议约定价值不公允的，应按无形资产的公允价值入账。

3. 自行开发的无形资产

自行开发的无形资产，以其研究开发过程中发生的支出作为入账价值。

4. 接受捐赠的无形资产

接受捐赠的无形资产，有凭据的，按凭据上标明的金额加上应支付的相关税费确定；没有凭据的，按其市价或同类、类似无形资产市价作为入账成本。

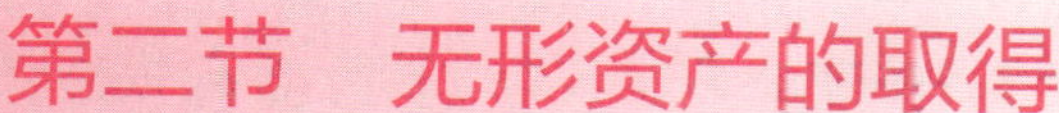

第二节　无形资产的取得

为核算企业持有的无形资产的成本，应设置“无形资产”账户。该账户借方登记取得无形资产的入账价值，贷方登记出售无形资产时转出的无形资产的账面价值，期末余额在借方，反映无形资产的成本。该账户应按无形资产项目设置明细账，进行明细分类核算。

一、外购无形资产的核算

企业外购专利权、非专利技术、商标权、著作权、特许权，以及有偿取得土地使用权等无形资产时，其成本包括购买价款、相关税费以及直接归属于为使该项资产达到预定用途所发生的其他支出。一般纳税人如果能取得可抵扣增值税专用发票，则按增值税专用发票上注明的价款和增值税额，借记“无形资产”和“应交税费——应交增值税（进项税额）”账户，贷记“应付账款”“银行存款”等账户；小规模纳税人增值税不能抵扣，按增值税发票上注明的价款和增值税额之和，借记“无形资产”账户，贷记“应付账款”“银行存款”等账户。

【例 6—1】信达公司为增值税一般纳税人，为扩大产品销售，于 2018 年 8 月 5 日从乙公司购入一项商标权，增值税专用发票上注明支付转让费用 800 000 元，增值税 48 000 元，以银行存款支付。编制会计分录如下：

借：无形资产——商标权	800 000	
应交税费——应交增值税（进项税额）	48 000	
贷：银行存款		848 000

二、投资者投入无形资产的核算

投资者投入的无形资产，其成本应按投资合同或协议约定的价值记入“无形资产”账户；在投资合同或协议约定价值不公允的情况下，应按无形资产的公允价值入账，按所确认初始成本与实收资本或股本之间的差额调整资本公积。

【例 6—2】信达公司接受甲公司投资转入的商标权一项，投资协议约定，该商标权的价值为500 000元。按照市场情况估计其公允价值为450 000元，已办妥相关手续。编制会计分录如下：

借：无形资产——商标权　　500 000
　　贷：实收资本——甲公司　　450 000
　　　　资本公积　　50 000

三、自行开发无形资产的核算

为了核算企业自行研究与开发无形资产过程中发生的各项支出，企业应设置“研发支出”账户进行核算。该账户借方登记自行开发无形资产发生的研发支出，贷方登记研发项目形成无形资产转出的资本化支出和按期转出研发项目的费用化支出。该账户期末余额在借方，反映企业正在进行无形资产研究开发的项目满足资本化条件的支出。“研发支出”账户应按研究开发项目，并按“费用化支出”和“资本化支出”两个项目进行明细核算。

1. 企业自行开发无形资产达到预定用途形成无形资产时，将开发阶段发生的符合资本化条件的支出作为无形资产的成本，借记“无形资产”账户，贷记“研发支出——资本化支出”账户。

2. 企业自行开发无形资产发生的研发支出，不满足资本化条件的，借记“研发支出——费用化支出”账户，贷记“原材料”“银行存款”“应付职工薪酬”等账户。期末按费用化总额借记“管理费用”账户，贷记“研发支出——费用化支出”账户。

【例6—3】信达公司自行研究开发某项技术，研究开发过程中领用原材料105 000元，工人工资185 000元，以银行存款支付其他费用78 000元，共计368 000元，符合资本化支出。该项技术研究开发成功达到预定用途。申请专利过程中以银行存款支付注册费、律师费等12 000元。编制会计分录如下：

（1）支付研究开发费

借：研发支出——资本化支出　　368 000
　　贷：原材料　　105 000
　　　　银行存款　　78 000
　　　　应付职工薪酬　　185 000

（2）支付注册费、律师费

借：研发支出——资本化支出　　12 000
　　贷：银行存款　　12 000

（3）形成无形资产

借：无形资产——专利权　　380 000

　　贷：研发支出——资本化支出　　380 000

四、接受捐赠无形资产的核算

企业接受捐赠的无形资产，应根据按规定确认的入账价值，借记“无形资产”账户，贷记“营业外收入”等账户。企业因接受捐赠无形资产而支付的相关税费，也应记入“无形资产”账户。

【例 6—4】信达公司接受某机构捐赠的一项无形资产，捐赠机构提供凭据确认的价值为 200 000 元，以银行存款支付有关费用 4 000 元。编制会计分录如下：

借：无形资产　　204 000

　　贷：营业外收入　　200 000

　　　　银行存款　　4 000

第三节　无形资产的摊销和处置

一、无形资产摊销原理和方法

1. 无形资产摊销原理

企业应当于取得无形资产时分析判断其使用寿命。使用寿命有限的无形资产应进行摊销，使用寿命不确定的无形资产不应摊销。

2. 无形资产摊销方法

无形资产摊销的方法包括直线法、生产总量法等。企业选择的无形资产摊销方法，应反映与该无形资产有关的经济利益的预期实现方式。无法可靠确定预期实现方式的一般采用直线法摊销。直线法又称平均年限法，是将无形资产的应摊销金额均衡地分配于每一会计期间的一种方法。

使用寿命有限的无形资产，其残值应视为零。对使用寿命有限的无形资产应当自可供使用（即其达到预定用途）当月起开始摊销，处置当月不再摊销。

无形资产的应摊销金额为其成本扣除预计残值后的金额，已计提减值准备的无形资产，还应扣除已经计提的无形资产减值准备累计金额。无形资产预计使用寿命由企业根据有关规定，结合企业具体情况加以确定。

知识链接

企业确定无形资产的使用寿命，通常应考虑以下因素：

（1）运用该资产生产的产品通常的寿命周期、可获得的类似资产使用寿命的信息。

（2）技术、工艺等方面的现阶段情况及对未来发展趋势的估计。

（3）以该资产生产的产品或提供的服务的市场需求情况。

（4）现在或潜在的竞争者预期将采取的行动。

（5）为维持该资产带来经济利益能力的预期维护支出，以及企业预计支付有关支出的能力。

（6）对该资产控制期限的相关法律规定或类似限制，如特许使用期、租赁期等。

（7）与企业持有的其他资产使用寿命的关联性等。

3. 无形资产摊销的核算

使用寿命有限的无形资产应按规定进行摊销，应设置“累计摊销”账户进行核算。该账户是“无形资产”账户的备抵账户，贷方登记按月计提的无形资产摊销，借方登记处置无形资产时转出的累计摊销，期末余额在贷方，反映企业无形资产累计摊销额。“累计摊销”账户，可按无形资产项目进行明细分类核算。

【例 6—5】信达公司从外单位购得一项商标权，取得的增值税专用发票上注明价款 36 000 000 元，税率 6%，增值税 2 160 000 元，款项已通过银行存款支付。该商标权的使用寿命为 10 年，不考虑残值等因素。编制会计分录如下：

（1）购买商标权

借：无形资产——商标权　　36 000 000

　　应交税费——应交增值税（进项税额）　　2 160 000

　　贷：银行存款　　38 160 000

(2) 每月摊销该无形资产

借：管理费用——无形资产摊销 (36 000 000 ÷ 10 ÷ 12) 300 000

贷：累计摊销 300 000

课堂讨论

如果是企业生产过程使用与产品制造密切相关的无形资产摊销应记入什么账户？

二、无形资产处置的核算

1. 出售无形资产

企业出售无形资产，应将所取得的价款与该无形资产账面价值的差额计入当期损益。

出售无形资产时，应按实际收到的金额，借记“银行存款”账户，按已计提的累计摊销、已计提的减值准备，借记“累计摊销”“无形资产减值准备”等账户；按无形资产账面余额，贷记“无形资产”账户，按其差额，借记或贷记“资产处置损益”账户。

【例 6—6】信达公司将拥有的一项非专利技术出售，取得收入 3 000 000 元，已知该企业的技术转让免交增值税。该项非专利技术的账面余额为 2 500 000 元，累计摊销额为 750 000 元，已计提的减值准备为 100 000 元。编制会计分录如下：

借：银行存款 3 000 000

累计摊销 750 000

无形资产减值准备 100 000

贷：无形资产 2 500 000

资产处置损益 1 350 000

2. 出租无形资产

出租无形资产，就是将无形资产使用权让渡给他人，承租方拥有其无形资产的使用（除所有权外）、取得收益和处置的权利。出租无形资产收取的租金，在满足收入准则规定的确认标准情况下，应确认相关的收入及成本。

出租无形资产时，取得的租金收入记入“其他业务收入”账户，摊销出租无形资产并发生有关费用时，记入“其他业务成本”账户。无形资产出租，除了符合法律规定的免征增值税项目外，应计算缴纳增值税，如出租商标使用权等，增值税税率为6%。

【例6—7】信达公司将列为无形资产的商标权出租给丁公司使用，本月取得含税租赁收入300 000元，存入银行。该项商标权的账面价值为1 200 000元，摊销期限为10年。编制会计分录如下：

（1）当月取得租赁收入

借：银行存款　　300 000

　　贷：其他业务收入　　［300 000÷（1+6%）］283 019

　　　　应交税费——应交增值税（销项税额）（283 019×6%）16 981

（2）结转当月出租成本

借：其他业务成本　　10 000

　　贷：累计摊销　　（1 200 000÷10÷12）10 000

三、无形资产报废的核算

如果无形资产预期不能为企业带来经济利益时，便不再符合无形资产的定义，企业应将该无形资产的账面价值予以转销，并将其转销金额记入“资产处置损益”账户，已计提减值准备的，将计提的减值准备记入“无形资产减值准备”账户。

判断无形资产预期不能为企业带来经济利益的情形主要有：①该无形资产已被其他新技术等所代替，且已不能为企业带来经济利益；②该无形资产不再受法律的保护，且不能给企业带来经济利益。

【例6—8】信达公司经核查发现，由于科技进步等原因其专利权M已丧失使用价值，不能为企业带来经济利益，予以转销。该项专利权账面成本300 000元，累计摊销180 000元，已计提无形资产减值准备10 000元。编制会计分录如下：

借：资产处置损益　　110 000

　　无形资产减值准备　　10 000

　　累计摊销——专利M　　180 000

　　贷：无形资产——专利M　　300 000

练习题

一、填空题

1. 无形资产应当在符合定义的前提下，同时满足________和________的条件的，才予以确认。

2. 无形资产的内容包括________、________、________、________、________和________等。

3. 外购无形资产的成本，包括__________、__________和__________。

4. 无形资产按有无期限划分为____________和____________，按其来源划分为____________和____________。

5. 对使用寿命有限的无形资产，应通过________________账户进行摊销。

二、单选题

1. 下列各项中，不属于无形资产的是（　　）。

A. 专利技术　　B. 土地使用权
C. 高速公路收费权　　D. 商誉

2. 无形资产的期末借方余额，反映企业无形资产的（　　）。

A. 成本　　B. 摊余价值
C. 账面价值　　D. 可收回金额

3. 无形资产的摊销，不会涉及（　　）账户。

A. 其他业务成本　　B. 长期待摊费用
C. 销售费用　　D. 管理费用

4. 甲公司为增值税一般纳税人，2017 年 1 月 5 日以 2 700 万元购入一项专利权，另支付注册登记费 120 万元。为推广由该专利权生产的产品，甲公司发生广告宣传费 60 万元。该专利权预计使用 5 年，预计净残值为零，采用直线法摊销。假设不考虑其他因素，2017 年 12 月 31 日该专利权的账面价值为（　　）万元。

A. 2 160　　B. 2 256　　C. 2 304　　D. 2 700

5. 企业出租无形资产取得的收入，应当计入（　　）。

A. 主营业务收入　　B. 其他业务收入
C. 投资收益　　D. 营业外收入

三、业务题

1. 某企业因生产产品需要购入一项专利权，以银行存款支付转让费15 000元，支付登记及手续费5 000元，律师费3 000元。该项专利权已投入使用。请根据以上资料编制会计分录。

2. 某企业接受B公司投资转入的商标权一项，投资协议约定，该商标权的价值为250 000元，按照市场情况估计其公允价值为180 000元。请根据以上资料编制会计分录。

3. A公司接受某科研机构捐赠一项无形资产，捐赠机构提供凭据确认的价值为100 000元，以银行存款支付有关费用3 500元。请根据以上资料编制会计分录。

4. 某企业2017年3月1日开始自行开发软件，研究开发阶段领用原材料200 000元，支付工人工资1 250 000元，福利费250 000元，以银行存款支付其他费用410 000元。开发阶段的支出满足资本化条件。2017年5月4日，该企业申请了专利，支付注册费12 000元、律师费23 000元。请问该无形资产的入账价值为多少？

第七章 流动负债

学习目标

- 了解流动负债的概念、特点
- 熟悉短期借款利息的计算
- 掌握短期借款的核算
- 掌握应付及预收款项的核算
- 掌握应付职工薪酬的内容及核算
- 掌握应交税费的核算

第一节　流动负债概述

负债是指企业过去的交易或事项形成的、预期会导致经济利益流出企业的现时义务。负债按其流动性分为流动负债和非流动负债。

一、流动负债的概念

流动负债是指将在 1 年（含 1 年）或者超过 1 年的一个营业周期内偿还的债务，主要包括短期借款、应付票据、应付账款、预收账款、应付职工薪酬、应付股利、应交税费、其他应付账款等。

二、流动负债的特点

流动负债除了具有负债的一般特点外，还具有以下特点：

第一，偿还期限短。流动负债是指在 1 年或者超过 1 年的一个营业周期内履行的义务。

第二，与非流动负债相比，其数额较小。

第三，企业借入流动负债的目的是为了满足生产经营周转资金的需要。

三、流动负债的分类

按偿付手段分类，流动负债可以分为货币性流动负债和非货币性流动负债。

按偿付金额是否确定分类，流动负债可以分为应付金额肯定的流动负债、应付金额视经营情况而定的流动负债和应付金额须予估计的流动负债。

按形成方式分类，流动负债可以分为融资活动形成的流动负债、营业活动形成的流动负债和收益分配形成的流动负债。

四、流动负债的计价

从理论上说，负债的计价应以未来偿付债务所需的现金流出量的现值为基础，按未来应付金额的贴现值（即其现时价值）来计量。我国现行制度规定各项流动负债应按实际发生额入账。

第二节　短期借款

一、短期借款的概念

短期借款是指企业向银行或其他金融机构等借入的期限在1年以下（含1年）的各种款项。

二、短期借款的核算

企业应设置“短期借款”账户，核算企业短期借款的取得、偿还等情况，借方核算归还的短期借款，贷方核算借入的短期借款；期末余额在贷方，反映企业尚未偿还的短期借款。该账户按借款种类、贷款人和币种进行明细核算。

短期借款的利息是单利计算的，作为企业的财务费用计入当期损益，其计算公式如下：

利息＝本金×期限×利率

如果短期借款的利息是按期支付的，如按季度支付利息，或者利息是在借款到期时连同本金一起归还，并且数额较大，企业应采用月末预提方式进行短期借款利息的核算。编制会计分录如下：

借：财务费用

　　贷：应付利息

如果企业短期借款利息是按月支付的，或者利息是在借款到期时连同本金一起归还，并且数额不大的，可以不采用预提的方法，而在实际支付或收到银行的计息通知时，直接计入当期损益。编制会计分录如下：

借：财务费用

　　贷：银行存款

【例7—1】2018年9月1日，信达公司向银行借入一笔期限2个月，到期一次还本付息的生产经营周转借款300 000元，年利息5%。借款利息不采用预提方式，于实际支付时确认。编制会计分录如下：

（1）2018年9月1日，取得借款

借：银行存款　　300 000

　　贷：短期借款——生产经营周转借款　　300 000

（2）2018 年 11 月 1 日，借款到期

借：短期借款——生产经营周转借款　　300 000

　　财务费用　　2 500

　　贷：银行存款　　302 500

【例 7—2】2018 年 1 月 1 日，信达公司向银行借入一笔期限为 6 个月的生产经营周转借款 800 000 元，年利息 6%，借款利息按月计算按季支付，本金到期一次偿还。编制会计分录如下：

（1）2018 年 1 月 1 日，取得借款

借：银行存款　　800 000

　　贷：短期借款——生产经营周转借款　　800 000

（2）2018 年 1 月末，计提利息

借：财务费用——利息支出　　4 000

　　贷：应付利息　　4 000

（3）2018 年 3 月末，支付利息

借：应付利息　　8 000

　　财务费用——利息支出　　4 000

　　贷：银行存款　　12 000

（4）2018 年 6 月末，借款到期

借：短期借款——生产经营周转借款　　800 000

　　财务费用——利息支出　　4 000

　　应付利息　　8 000

　　贷：银行存款　　812 000

第三节　应付票据

一、应付票据的概念

应付票据是指企业购买材料、商品和提供劳务供应等而开出、承兑的商业汇

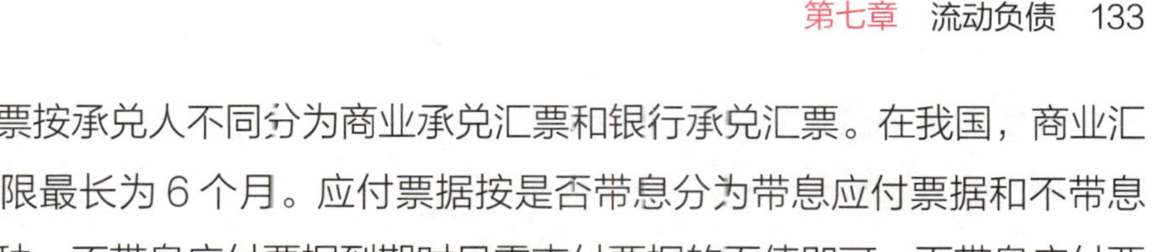

票。商业汇票按承兑人不同分为商业承兑汇票和银行承兑汇票。在我国，商业汇票的付款期限最长为 6 个月。应付票据按是否带息分为带息应付票据和不带息应付票据两种。不带息应付票据到期时只需支付票据的面值即可，而带息应付票据到期时不但需支付票据的面值，还需要支付利息。

二、应付票据的核算

企业开出、承兑的应付票据应设置“应付票据”账户进行核算，借方登记企业到期支付或结转的票据款，贷方登记开出、承兑时按票面金额以及带息票据的应付利息；期末余额在贷方，反映企业尚未到期的票据本息。应付票据按照其收款人的姓名和收款单位设明细账，进行明细分类核算。

企业应同时设置应付票据备查簿，详细登记每一笔应付票据的种类、号数、签发日期、到期日，票面金额、合同交易号、收款人姓名或收款人单位名称，以及付款日期和金额等。票据到期付款时，应在备查账簿内逐笔注销。

1. 签发应付票据的核算

无论是带息票据还是不带息票据，核算时均以票据面值计价入账。

【例 7—3】信达公司从甲公司采购一批材料，增值税专用发票上注明的材料价款为 200 000 元，增值税为 32 000 元，材料已验收入库。信达公司于 2018 年 6 月 6 日，开出一张面值为 232 000 元、期限为 3 个月的不带息商业承兑汇票，用以支付购料款。编制会计分录如下：

借：原材料　　200 000
　　应交税费——应交增值税（进项税额）　　32 000
　　贷：应付票据——甲公司　　232 000

【例 7—4】假设【例 7—3】中的商业承兑汇票为银行承兑汇票，材料已验收入库，账务处理同上。信达公司支付承兑手续费 1 160 元，其中增值税为 65.66 元。编制会计分录如下：

借：财务费用　　1 094.34
　　应交税费——应交增值税（进项税额）　　65.66
　　贷：银行存款　　1 160

2. 计提票据利息的核算

开出、承兑带息商业汇票，仍然按照票据的面值入账，但带息应付票据应于期末计算应付利息（面值 × 票面利率 × 期限），记入“财务费用”账户。

借：财务费用

贷：应付票据

【例 7—5】承【例 7—3】，若该票据票面利率为 5%，按月计提该票据利息。编制会计分录如下：

每月应付利息 =232 000 × 5% ÷ 12=966.67（元）

借：财务费用　　966.67

贷：应付票据——甲公司　　966.67

3. 应付票据到期时的核算

应付票据到期，企业如期付款的，应相应转销应付票据账面余额；如果企业无力支付票款，属于商业承兑汇票的，应将应付票据票面金额转为应付账款；属于银行承兑汇票的，应将应付票据票面金额转为短期借款。

【例 7—6】承【例 7—3】，2018 年 9 月 6 日，面值为 232 000 元的不带息商业承兑汇票到期，信达公司承付票款。编制会计分录如下：

借：应付票据——甲公司　　232 000

贷：银行存款　　232 000

【例 7—7】承【例 7—6】，若该不带息商业承兑汇票到期，信达公司无力偿还票款，应转入应付账款核算。编制会计分录如下：

借：应付票据——甲公司　　232 000

贷：应付账款——甲公司　　232 000

【例 7—8】承【例 7—3】和【例 7—5】，2018 年 9 月 6 日，面值为 232 000 元，票据票面利率为 5% 的带息银行承兑汇票到期，信达公司承付票据本息。编制会计分录如下：

借：应付票据——甲公司　　233 933.33

财务费用——利息支出　　966.67

贷：银行存款　　234 900

【例 7—9】承【例 7—8】，若该带息银行承兑汇票到期无力偿还，应转为对银行的短期借款核算。编制会计分录如下：

借：应付票据——甲公司　　233 933.33

财务费用——利息支出　　966.67

贷：短期借款　　234 900

第四节 应付账款

一、应付账款的概念

应付账款是指企业因购买材料、商品或接受劳务供应等经营活动而应付给供应单位的款项。

二、应付账款的核算

1. 应付账款的入账时间

应付账款的入账时间应以购买物资所有权有关的风险和报酬已经转移或劳务已经接受为标志，但在实际工作中应区别情况处理：

（1）所购货物和发票账单同时到达的情况下，应付账款一般于货物验收入库后，按发票账单登记入账。

（2）货物已经验收入库，发票账单未到达的情况下，在月份内可暂不入账。为在资产负债表上客观反映企业所拥有的资产和承担的债务，在实际工作中，月份终了将所购物资和应付账款按暂估价入账，待下月初再用红字冲回。

2. 应付账款的入账价值

应付账款一般应按发票账单记载的实际价款入账，如果应付账款带有现金折扣的，应付账款入账金额的确定应按发票上记载的应付金额的总价记账，待实际发生现金折扣时，冲减财务费用。

3. 应付账款的核算方法

为了总括地反映企业应付账款的发生及偿还情况，应设置“应付账款”账户，借方登记偿还的应付账款、以商业汇票抵付的应付账款，贷方登记企业购买材料、物资及接受劳务供应的应付但尚未支付的款项。期末余额在贷方，反映尚未支付的应付款项；期末余额也可以在借方，反映预付的款项。该账户应按照供应单位设置明细账，进行明细分类核算。

企业因债权人撤销或其他原因而转销的无法支付的应付账款，应记入“营业外收入”账户。

【例 7—10】信达公司从丙公司购入原材料一批，价款 80 000 元，增值税 12 800 元，材料已验收入库，货款暂欠。按照购货协议，现金折扣条件为 2/10，n/30，假设计算现金折扣不考虑增值税。编制会计分录如下：

（1）材料验收入库

借：原材料　　80 000

　　应交税费——应交增值税（进项税额）　　12 800

　　贷：应付账款——丙公司　　92 800

（2）若在 10 天内向丙公司付款

借：应付账款——丙公司　　92 800

　　贷：银行存款　　91 200

　　　　财务费用　　1 600

（3）若未在现金折扣期内付款

借：应付账款——丙公司　　92 800

　　贷：银行存款　　92 800

【例 7—11】根据供电部门通知，信达公司本月应付电费 78 000 元，其中生产车间电费 48 000 元，行政管理部门电费 30 000 元，款项尚未支付。编制会计分录如下：

借：制造费用　　48 000

　　管理费用　　30 000

　　贷：应付账款——××电力公司　　78 000

第五节　预收账款和其他应付款

一、预收账款

1. 预收账款的概念

预收账款是指企业按照合同规定或交易双方约定，向购买单位或接受劳务

的单位预收的款项，一般包括预收的货款、预收购货定金等。企业在收到款项时，商品或劳务的销售合同尚未履行，因此不能确认收入，只能确认为一项负债。

2. 预收账款的核算

企业应设置“预收账款”账户核算企业按照合同规定预收的款项，借方登记企业发出商品或提供劳务的价税款及退回对方的款项，贷方登记收到预收款项和购货方补付账款的金额。如果预收款小于发出商品实际价税款，在企业发出商品后“预收账款”账户的余额一般在借方，反映为应由购货单位补付的款项，等同于“应收账款”；如果预收款大于发出商品实际价税款，则“预收账款”账户的余额一般在贷方，反映为多收的款项。该账户一般按购货单位设置明细账户进行明细核算。

预收账款情况不多的企业，可不设“预收账款”账户，将预收的款项直接记入“应收账款”账户的贷方。

【例 7—12】2018 年 8 月 1 日，信达公司按合同规定，预收甲公司货款 100 000 元，款项存入银行。9 月 10 日，实际销售给甲公司商品，价款 100 000 元，增值税 16 000 元。差额 16 000 元于 9 月 20 日收到并存入银行。编制会计分录如下：

（1）8 月 1 日，收到预收账款

	借方	贷方
借：银行存款	100 000	
贷：预收账款——甲公司		100 000

（2）9 月 10 日，实际销售商品

	借方	贷方
借：预收账款——甲公司	116 000	
贷：主营业务收入		100 000
应交税费——应交增值税（销项税额）		16 000

（3）9 月 20 日，收到补付价款

	借方	贷方
借：银行存款	16 000	
贷：预收账款——甲公司		16 000

课堂讨论

若信达公司预收甲公司 15 万元，应如何编制会计分录？

二、其他应付款

1. 其他应付款的内容

其他应付款核算企业除应付票据、应付账款、预收账款、应付职工薪酬、应付利息、应付股利、应交税费、长期应付款等以外的其他各项应付、暂收的款项，主要包括：①应付租入固定资产和包装物的租金；②存入保证金；③应付、暂收所属单位、个人的款项；④职工未按期领取的工资；⑤其他应收、暂付的款项。

2. 其他应付款的核算

企业其他应收、暂付的款项，应设置“其他应付款”账户进行核算，借方登记支付或转销的其他各种应付、暂收款项，贷方登记企业发生的其他各种应付、暂收款项；期末余额在贷方，反映企业应付未付的其他应付款。按其他应付款的项目和对方单位（或个人）设置明细账户，进行明细核算。

【例 7—13】2018 年 7 月 1 日，信达公司以经营性租赁方式租入一间销售用房，按合同规定，每月租金 6 500 元，按季支付。9 月 30 日，信达公司以银行存款支付租金 19 500 元，增值税 3 120 元。编制会计分录如下：

（1）7 月、8 月末计提租金

借：销售费用	6 500	
贷：其他应付款		6 500

（2）9 月通过银行存款支付应付租金

借：其他应付款	13 000	
销售费用	6 500	
应交税费——应交增值税（进项税额）	3 120	
贷：银行存款		22 620

【例 7—14】信达公司出租给乙公司一台设备，收到租用押金 5 000 元。编制会计分录如下：

借：银行存款	5 000	
贷：其他应付款——乙公司		5 000

【例 7—15】承【例 7—14】，乙公司退还该设备，信达公司退还押金 5 000

元。编制会计分录如下：

借：其他应付款——乙公司　　5 000

　　贷：银行存款　　5 000

第六节　应付职工薪酬

一、职工薪酬的概念

职工薪酬是指企业为获得职工提供的服务或解除劳动关系而给予的各种形式的报酬或补偿。这里所称的“职工”，主要包括：①与企业订立劳动合同的所有人员，含全职、兼职和临时职工；②虽未与企业订立劳动合同但由企业正式任命的人员，如董事会成员、监事会成员等；③在企业的计划和控制下，虽未与企业订立劳动合同或未由其正式任命，但为其提供与职工类似服务的人员，也纳入职工范畴，如劳务用工合同人员。

二、职工薪酬的内容

1. 短期薪酬

短期薪酬是指企业在职工提供相关服务的年度报告期间结束后 12 个月内需要全部予以支付的职工薪酬，因解除与职工的劳动关系给予的补偿除外。短期薪酬具体包括：

（1）职工工资、奖金、津贴和补贴。

（2）职工福利费。

（3）医疗保险费、工伤保险费和生育保险费等社会保险费。

（4）住房公积金。

（5）工会经费和职工教育经费。

（6）短期带薪缺勤。是指企业支付工资或提供补偿的职工缺勤，包括年休假、病假、短期伤残、婚假、产假、丧假、探亲假等。

（7）短期利润分享。是指因职工提供服务而与职工达成的基于利润或其他经营成果提供薪酬的协议。

（8）非货币性福利以及其他短期薪酬。是指除上述薪酬以外的其他为获得职工提供的服务而给予的短期薪酬。

2. 离职后福利

离职后福利是指企业为获得职工提供的服务而在职工退休或与企业解除劳动关系后提供的各种形式的报酬和福利，短期薪酬和辞退福利除外。离职后福利计划是指企业与职工就离职后福利达成的协议，或者企业为向职工提供离职后福利制定的规章或办法。离职后福利计划按照企业承担的风险和义务情况，可以分为设定提存计划和设定受益计划。其中，设定提存计划是指企业向独立的基金缴存固定费用后，不再承担进一步支付义务的离职后福利计划。设定受益计划，是指除设定提存计划以外的离职后福利计划。

3. 辞退福利

辞退福利是指企业在职工劳动合同到期之前解除与职工的劳动关系，或者为鼓励职工自愿接受裁减而给予职工的补偿。

4. 其他长期职工福利

其他长期职工福利是指除短期薪酬、离职后福利、辞退福利之外所有的职工薪酬，包括长期带薪缺勤、长期残疾福利、长期利润分享计划等。

三、职工薪酬核算的账户设置

企业应通过“应付职工薪酬”账户核算应付职工薪酬的计提、结算、使用等情况。该账户借方登记实际发放的职工薪酬，贷方登记分配计入有关成本费用的职工薪酬金额；期末余额在贷方，反映企业应付未付的职工薪酬。“应付职工薪酬”账户应当按照“工资、奖金、津贴和补贴”“职工福利费”“社会保险费”“住房公积金”“工会经费和职工教育经费”“带薪缺勤”“利润分享计划”“设定提存计划”“设定受益计划”“辞退福利”等项目设置明细账，进行明细核算。

四、职工薪酬确认的原则

企业应当在职工为其提供服务的会计期间，将职工薪酬确认为负债，并根据职工提供服务的受益对象，分别计入相关资产成本或当期损益，同时确认应付职工薪酬。具体处理情况如下：生产车间生产工人的职工薪酬，记入“生产成本”

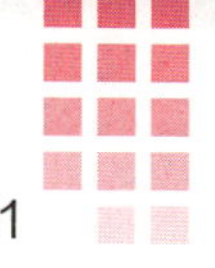

账户；生产车间管理人员的职工薪酬，记入“制造费用”账户；行政人员的职工薪酬，记入“管理费用”账户；销售人员的职工薪酬，记入“销售费用”账户；从事无形资产研发活动人员的职工薪酬，记入“研发支出”账户；从事工程建设人员的职工薪酬，记入“在建工程”账户等。

五、应付职工薪酬的核算

1. 货币性职工薪酬

（1）工资、奖金、津贴和补贴

对于职工工资、奖金、津贴和补贴等货币性职工薪酬，企业应当在职工为其提供服务的会计期间，将实际发生的职工工资、奖金、津贴和补贴等根据职工提供服务的受益对象，将应确认的职工薪酬计入相关成本或费用中，同时确认应付职工薪酬。

【例 7—16】2018 年 7 月，信达公司应付工资总额为 789 000 元，“工资费用分配汇总表”中列示：产品生产人员工资为 495 000 元，车间管理人员工资为 115 000 元，企业行政管理人员工资为 72 000 元，专设销售机构人员工资为 47 000 元，建造厂房人员工资 60 000 元。编制会计分录如下：

借：生产成本——基本生产成本	495 000	
制造费用	115 000	
管理费用	72 000	
销售费用	47 000	
在建工程	60 000	
贷：应付职工薪酬——职工工资、奖金、津贴和补贴		789 000

在会计实务中，企业按照有关规定向职工支付工资、奖金、津贴和补贴等，按“工资费用分配汇总表”中“应发工资”栏数额，借记“应付职工薪酬——职工工资、奖金、津贴和补贴”账户，根据“实发工资”栏数额，通过其开户银行直接发放时，贷记“银行存款”账户，按企业从应付职工薪酬中代扣的各种款项，贷记“其他应付款”“其他应收款”“应交税费——应交个人所得税”等账户。

【例 7—17】承【例 7—16】，信达公司根据“工资费用分配汇总表”应付工资总额为 789 000 元，其中：企业代垫水电费 21 000 元，代扣住房公积金 78 000 元，代扣“三险”个人缴纳部分 84 600 元，代扣个人所得税 1 500 元，实发工资

603 900 元。编制会计分录如下：

（1）通过银行直接发放工资

借：应付职工薪酬——职工工资、奖金、津贴和补贴　　603 900

　　贷：银行存款　　603 900

（2）结转代扣款项

借：应付职工薪酬——职工工资、奖金、津贴和补贴　　185 100

　　贷：其他应收款——代垫水电费　　21 000

　　　　其他应付款——代扣“三险”个人缴纳部分　　84 600

　　　　其他应付款——代扣住房公积金个人缴纳部分　　78 000

　　　　应交税费——应交个人所得税　　1 500

（2）职工福利费

企业应当在实际发生时根据实际发生额借记“生产成本”“制造费用”“管理费用”“销售费用”等账户，贷记“应付职工薪酬——职工福利费”账户。

【例 7—18】信达公司有一个职工餐厅，每月根据职工数量计算需要补贴餐厅的金额。2018 年 10 月，信达公司共有职工 400 名，其中 250 名为生产车间的职工，100 名为管理人员，50 名为销售人员。根据以往数据表明，每个职工每月补贴餐厅 200 元。编制会计分录如下：

借：生产成本——基本生产成本　　50 000

　　管理费用　　20 000

　　销售费用　　10 000

　　贷：应付职工薪酬——职工福利费　　80 000

【例 7—19】承【例 7—18】，2018 年 11 月，信达公司支付 80 000 元补贴给餐厅。编制会计分录如下：

借：应付职工薪酬——职工福利费　　80 000

　　贷：银行存款　　80 000

知识链接

《企业会计准则第 9 号——职工薪酬》应用指南规定：“没有规定计提基础和计提比例的，企业应当根据历史经验数据和实际情况，合理预计当期应付职工薪酬。当期实际发生金额大于预计金额的，应当补提应付职工薪酬；当期实际发生金额小于预计金额的，应当冲回多提的应付职工薪酬。”

（3）国家规定计提标准的职工薪酬

企业在计量应付职工薪酬时，国家规定了计提基础和计提比例的，应当按照国家规定的标准计提；对于国家规定了计提基础和计提比例的医疗保险费、工伤保险费、生育保险费等社会保险费和住房公积金，以及按规定提取的工会经费和职工教育经费（分别按照工资总额的 2% 和 2.5% 计量），应当在职工为其提供服务的会计期间，根据规定的计提基础和计提比例计算确定相应的职工薪酬金额计入相关成本或费用中，同时确认应付职工薪酬。

【例 7—20】承【例 7—16】，2018 年 7 月，信达公司根据有关规定，分别按照工资总额的 2% 和 2.5% 计提标准，确认应付工会经费和职工教育经费。编制会计分录如下：

借：生产成本——基本生产成本	22 275	
制造费用	5 175	
管理费用	3 240	
销售费用	2 115	
在建工程	2 700	
贷：应付职工薪酬——工会经费		15 780
应付职工薪酬——职工教育经费		19 725

（4）短期带薪缺勤

对于职工带薪缺勤，企业应当根据性质及职工享有的权利分为累积带薪缺勤和非累积带薪缺勤。

1）累积带薪缺勤。累积带薪缺勤是指带薪权利可以结转下期的带薪缺勤，本期尚未用完的带薪缺勤权利可以在未来期间使用。企业应当在职工提供了服务从而增加了其未来享有的带薪缺勤权利时，确认与累积带薪缺勤相关的职工薪酬，并以累积未行使权利而增加的预期支付金额计量。确认累积带薪缺勤时，借记“管理费用”等账户，贷记“应付职工薪酬——带薪缺勤——短期带薪缺勤——累积带薪缺勤”账户。

【例 7—21】信达公司共有 400 名职工，从 2018 年 1 月 1 日起，该公司实行累积带薪缺勤制度。该制度规定，每个职工每年可享受 5 个工作日带薪年休假，未使用的年休假只能向后结转一个日历年度，超过 1 年未使用的权利作废；职工休年休假时，首先使用当年可享受的权利，不足部分再从上年结转的带薪年休假中扣除；职工离开公司时，对未使用的累积带薪年休假无权获得现金支付。

2018 年 12 月 31 日，信达公司预计 2019 年有 340 名职工将享受不超过 5 天的带薪年休假，剩余 60 名职工每人将平均享受 6 天半年休假，假定这 60 名职工全部为管理人员，该公司平均每名职工每个工作日工资为 400 元。编制会计分录如下：

信达公司在 2018 年 12 月 31 日，预计由于职工累积未使用的带薪年休假权利而导致预期将支付的工资相当于 90 天（60×1.5 天）的年休假工资金额 36 000 元（90×400）。

借：管理费用　　36 000

　贷：应付职工薪酬——带薪缺勤——短期带薪缺勤——累积带薪缺勤　　36 000

2）非累积带薪缺勤。非累积带薪缺勤是指带薪权利不能结转下期的带薪缺勤，本期尚未用完的带薪缺勤权利将予以取消，并且职工离开企业时也无权获得现金支付。我国企业职工休婚假、产假、丧假、探亲假、病假期间的工资通常属于非累积带薪缺勤。由于职工提供服务本身不能增加其能够享受的福利金额，企业在职工未缺勤时不应当计提相关费用和负债。为此，企业应当在职工实际发生缺勤的会计期间确认与非累积带薪缺勤相关的职工薪酬。

企业确认职工享有的与非累积带薪缺勤权利相关的薪酬，视同职工出勤确认的当期损益或相关资产成本。通常情况下，与非累积带薪缺勤相关的职工薪酬已经包括在企业每期向职工发放的工资等薪酬中，因此不必额外做相应的账务处理。

2. 非货币性职工薪酬

（1）企业以其自产产品作为非货币性福利发放给职工的，应当根据受益对象，按照该产品的公允价值（价税合计），计入相关资产成本或当期损益，同时确认应付职工薪酬。

【例 7—22】信达公司为增值税一般纳税人，适用的增值税税率为 16%。2018 年 8 月，公司决定将本公司生产的 400 台电视机作为过节福利发放给公司全体员工。已知 400 名职工中，250 名为直接参加生产的职工，100 名为管理人员，50 名为销售人员。该批电视机的单位成本为 2 400 元，市场销售价格为每台 3 000 元（不含增值税）。不考虑其他相关税费。编制会计分录如下：

计算发放电视机的售价总额及销项税额：

电视机的售价总额 =400 × 3 000=1 200 000（元）

电视机的销项税额 =400 × 3 000 × 16%=192 000（元）

应计入生产成本的职工薪酬 =250 × 3 000+250 × 3 000 × 16%=870 000（元）

应计入管理费用的职工薪酬 =100 × 3 000+100 × 3 000 × 16%=348 000（元）

应计入销售费用的职工薪酬 =50 × 3 000+50 × 3 000 × 16%=174 000（元）

（1）计提职工薪酬

借：生产成本	870 000	
管理费用	348 000	
销售费用	174 000	
贷：应付职工薪酬——非货币性福利		1 392 000

（2）发放职工薪酬

借：应付职工薪酬——非货币性福利	1 392 000	
贷：主营业务收入		1 200 000
应交税费——应交增值税（销项税额）		192 000

（3）结转成本

借：主营业务成本	960 000	
贷：库存商品		960 000

（2）企业将拥有的房屋、汽车等资产无偿提供给职工使用的，应当根据受益对象，将该住房每期应计提的折旧计入相关资产成本或当期损益，同时确认应付职工薪酬。租赁住房等资产供职工无偿使用的，应当根据受益对象，将每期应付的租金计入相关资产成本或当期损益，并确认应付职工薪酬。

【例 7—23】信达公司为公司的部门经理每人提供一辆轿车免费使用，所有轿车的月折旧为 8 000 元。编制会计分录如下：

（1）计提职工薪酬

借：管理费用	8 000	
贷：应付职工薪酬——非货币性福利		8 000

（2）计提折旧

借：应付职工薪酬——非货币性福利	8 000	
贷：累计折旧		8 000

【例 7—24】信达公司为公司董事会成员每人租赁一套面积 100 平方米的公寓供其使用，每个月所有公寓的租金为 35 000 元。编制会计分录如下：

借：管理费用　　35 000
　　贷：应付职工薪酬——非货币性福利　　35 000

3. 设定提存计划的核算

对于设定提存计划，企业应当根据在资产负债表日为换取职工在会计期间提供的服务而应向单独主体缴存的提存金，确认为应付职工薪酬，并计入当期损益或相关资产成本。借记“生产成本”“制造费用”“管理费用”“销售费用”等账户，贷记“应付职工薪酬——设定提存计划”账户。

【例 7—25】承【例 7—16】，信达公司根据当地政府规定，按照工资总额的 12% 计提基本养老保险费，缴存当地社会保险经办机构。2018 年 7 月份，信达公司缴存的基本养老保险费为 94 680 元，其中应计入生产成本的金额为 59 400 元，应计入制造费用的金额为 13 800 元，应计入管理费用的金额为 8 640 元，应计入销售费用的金额为 5 640 元，应计入在建工程的金额为 7 200 元。编制会计分录如下：

借：生产成本——基本生产成本　　59 400
　　制造费用　　13 800
　　管理费用　　8 640
　　销售费用　　5 640
　　在建工程　　7 200
　　贷：应付职工薪酬——设定提存计划　　94 680

第七节　应交税费

一、应交税费的内容

企业根据税法规定应交纳的各种税费包括增值税、消费税、城市维护建设税、资源税、企业所得税、土地增值税、房产税、车船税、土地使用税、教育费附加、矿产资源补偿费、印花税、耕地占用税等。

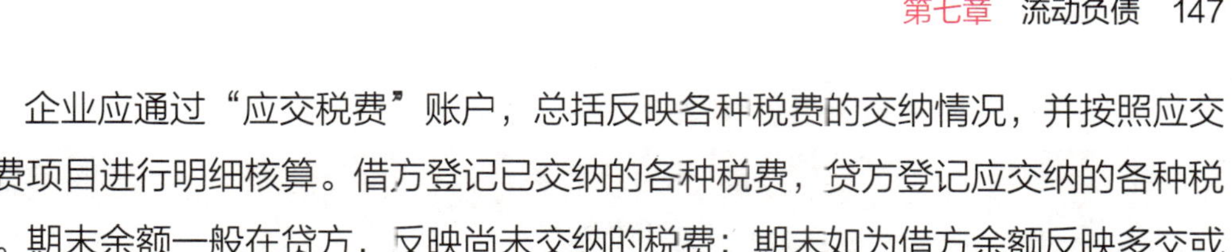

企业应通过“应交税费”账户，总括反映各种税费的交纳情况，并按照应交税费项目进行明细核算。借方登记已交纳的各种税费，贷方登记应交纳的各种税费。期末余额一般在贷方，反映尚未交纳的税费；期末如为借方余额反映多交或尚未抵扣的税费。

企业代扣代缴的个人所得税等，也通过“应交税费”账户核算。交纳的印花税、耕地占用税等因为不需要预计应交的税金，所以不通过“应交税费”账户核算。

二、应交增值税的核算

1. 增值税概述

增值税是以商品（含应税劳务、应税行为）在流转过程中实现的以增值额作为计税依据而征收的一种流转税。我国增值税相关法规规定，在我国境内销售货物、提供加工修理或修配劳务（简称应税劳务），销售应税服务、无形资产、不动产（简称应税行为），以及进口货物的企业单位和个人为增值税的纳税人。其中，应税服务包括交通运输服务、邮政服务、电信服务、金融服务、现代服务、生活服务。

知识链接

> 经国务院批准，自2016年5月1日起，在全国范围内全面推开营业税改征增值税试点，建筑业、房地产业、金融业、生活服务业等全部营业税纳税人纳入试点范围，由缴纳营业税改为缴纳增值税。

（1）增值税纳税人

根据经营规模大小及会计核算健全程度，增值税纳税人分为一般纳税人和小规模纳税人。应税行为的年应征增值税销售额超过财政部和国家税务总局规定标准的纳税人为一般纳税人，未超过规定标准的纳税人为小规模纳税人。

（2）增值税适用税率

根据《财政部税务总局〈关于调整增值税税率的通知〉》（财税〔2018〕32号）的规定，增值税适用税率表（2018年5月1日后）见表7—1。

表 7—1　　　增值税适用税率表（2018 年 5 月 1 日后）

序号	税　　目	增值税税率
1	陆路运输服务	10%
2	水路运输服务	10%
3	航空运输服务	10%
4	管道运输服务	10%
5	邮政普遍服务	10%
6	邮政特殊服务	10%
7	其他邮政服务	10%
8	基础电信服务	10%
9	增值电信服务	6%
10	工程服务	10%
11	安装服务	10%
12	修缮服务	10%
13	装饰服务	10%
14	其他建筑服务	10%
15	贷款服务	6%
16	直接收费金融服务	6%
17	保险服务	6%
18	金融商品转让	6%
19	研发和技术服务	6%
20	信息技术服务	6%
21	文化创意服务	6%
22	物流辅助服务	6%
23	有形动产租赁服务	16%
24	不动产租赁服务	10%
25	鉴证咨询服务	6%
26	广播影视服务	6%
27	商务辅助服务	6%
28	其他现代服务	6%
29	文化体育服务	6%
30	教育医疗服务	6%
31	旅游娱乐服务	6%
32	餐饮住宿服务	6%
33	居民日常服务	6%
34	其他生活服务	6%

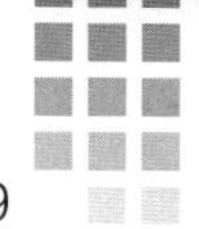

续表

序号	税　　目	增值税税率
35	销售无形资产	6%
36	转让土地使用权	10%
37	销售不动产	10%
38	在境内载运旅客或者货物出境	0%
39	在境外载运旅客或者货物入境	0%
40	在境外载运旅客或者货物	0%
41	航天运输服务	0%
42	向境外单位提供的完全在境外消费的研发服务	0%
43	向境外单位提供的完全在境外消费的合同能源管理服务	0%
44	向境外单位提供的完全在境外消费的设计服务	0%
45	向境外单位提供的完全在境外消费的广播影视节目（作品）的制作和发行服务	0%
46	向境外单位提供的完全在境外消费的软件服务	0%
47	向境外单位提供的完全在境外消费的电路设计及测试服务	0%
48	向境外单位提供的完全在境外消费的信息系统服务	0%
49	向境外单位提供的完全在境外消费的业务流程管理服务	0%
50	向境外单位提供的完全在境外消费的离岸服务、外包业务	0%
51	向境外单位提供的完全在境外消费的转让技术	0%
52	财政部和国家税务总局规定的其他服务	0%
53	销售或者进口货物	16%
54	粮食、食用植物油	10%
55	自来水、暖气、冷气、热水、煤气、石油液化气、天然气、沼气、居民用煤炭	10%
56	图书、报纸、杂志	10%
57	饲料、化肥、农药、农机、农膜	10%
58	农产品	10%
59	音像制品	10%
60	电子出版物	10%
61	二甲醚	10%
62	国务院规定的其他货物	10%
63	加工、修理修配劳务	16%
64	出口货物	0%

（3）应纳税额计算原理

计算增值税的方法分为一般计税方法和简易计税方法。

1）一般计税方法。一般计税方法的应纳税额，是指当期销项税额抵扣当期进项税额后的余额。应纳税额计算公式：

应纳税额 = 当期销项税额 − 当期进项税额

当期销项税额小于当期进项税额不足抵扣时，其不足部分可以结转下期继续抵扣。

2）简易计税方法。简易计税方法的应纳税额，是指按照销售额和增值税征收率计算的增值税额，不得抵扣进项税额。应纳税额计算公式：

应纳税额 = 销售额 × 征收率

简易计税方法的销售额不包括其应纳税额，纳税人采用销售额和应纳税额合并定价方法的，按照下列公式计算销售额：

销售额 = 含税销售额 ÷（1+ 征收率）

2. 一般纳税人的账务处理

（1）会计科目的设置

为了核算企业应交增值税的发生、抵扣、交纳、退税及转出等情况，增值税一般纳税人应当在“应交税费”账户下设置“应交增值税”“未交增值税”“预交增值税”“待抵扣进项税额”“待认证进项税额”“待转销项税额”等明细账户。

1）“应交税费——应交增值税”账户。该账户的明细账户主要包括：

①“进项税额”专栏，记录一般纳税人购进货物、加工修理修配劳务、服务、无形资产或不动产而支付或负担的、准予从当期销项税额中抵扣的增值税额。

②“销项税额抵减”专栏，记录一般纳税人按照现行增值税制度规定因扣减销售额而减少的销项税额。

③“已交税金”专栏，记录一般纳税人当月已交纳的应交增值税额。

④“转出未交增值税”和“转出多交增值税”专栏，分别记录一般纳税人月度终了转出当月应交未交或多交的增值税额。

⑤“减免税款”专栏，记录一般纳税人按现行增值税制度规定准予减免的增值税额。

⑥“出口抵减内销产品应纳税额”专栏，记录实行“免、抵、退”办法的一般纳税人按规定计算的出口货物的进项税额抵减内销产品的应纳税额。

⑦“销项税额”专栏，记录一般纳税人销售货物、加工修理修配劳务、服

务、无形资产或不动产应收取的增值税额。

⑧“出口退税”专栏，记录一般纳税人出口货物、加工修理修配劳务、服务、无形资产按规定退回的增值税额。

⑨“进项税额转出”专栏，记录一般纳税人购进货物、加工修理修配劳务、服务、无形资产或不动产等发生非正常损失以及其他原因而不应从销项税额中抵扣、按规定转出的进项税额。

2）“应交税费——未交增值税”账户。该账户核算一般纳税人月度终了从“应交增值税”或“预交增值税”明细账户转入当月应交未交、多交或预交的增值税额，以及当月交纳以前期间未交的增值税额。

3）“应交税费——预交增值税”账户。该账户核算一般纳税人转让不动产、提供不动产经营租赁服务、提供建筑服务、采用预收款方式销售自行开发的房地产项目等，按现行增值税制度规定应预交的增值税额。

4）“应交税费——待抵扣进项税额”账户。该账户核算一般纳税人已取得增值税扣税凭证并经税务机关认证，按照现行增值税制度规定准予以后期间从销项税额中抵扣的进项税额。包括：一般纳税人自 2016 年 5 月 1 日后取得并按固定资产核算的不动产或者 2016 年 5 月 1 日后取得的不动产在建工程，按现行增值税制度规定准予以后期间从销项税额中抵扣的进项税额；实行纳税辅导期管理的一般纳税人取得的尚未交叉稽核比对的增值税扣税凭证上注明或计算的进项税额。

5）“应交税费——待认证进项税额”账户。该账户核算一般纳税人由于未取得增值税扣税凭证或未经税务机关认证而不得从当期销项税额中抵扣的进项税额。包括：一般纳税人已取得增值税扣税凭证、按照现行增值税制度规定准予从销项税额中抵扣，但尚未经税务机关认证的进项税额；一般纳税人取得货物等已入账，但由于尚未收到相关增值税扣税凭证而不得从当期销项税额中抵扣的进项税额。

6）“应交税费——待转销项税额”账户。该账户核算一般纳税人销售货物、加工修理修配劳务、服务、无形资产或不动产，已确认相关收入（或利得）但尚未发生增值税纳税义务而需于以后期间确认为销项税额的增值税额。

（2）取得资产、接受劳务等业务的账务处理

1）采购等业务进项税额允许抵扣的账务处理。一般纳税人购进货物、加工修理修配劳务、服务、无形资产或不动产，按应计入相关成本费用或资产的金额，借记“在途物资”“原材料”“库存商品”“生产成本”“无形资产”“固定资产”“管理费用”等账户，按当月已认证的可抵扣增值税额，借记“应交税费——应交增值税（进项税额）”账户，按当月未认证的可抵扣增值税额，借记“应交税费——待认证进项税额”账户，按应付或实际支付的金额，贷记“应付账款”“应付票据”“银行存款”等账户。发生退货的，如原增值税专用发票已做认证，应根据税务机关开具的红字增值税专用发票做相反的会计分录；如原增值税专用发票未做认证，应将发票退回并做相反的会计分录。

【例 7—26】信达公司从外地购进一批材料，价款 60 000 元，增值税 9 600 元，运费 2 000 元，增值税 200 元，以上款项均通过银行存款支付，材料已验收入库。编制会计分录如下：

借：原材料	62 000	
应交税费——应交增值税（进项税额）	9 800	
贷：银行存款		71 800

2）采购等业务进项税额不得抵扣的账务处理。一般纳税人购进货物、加工修理修配劳务、服务、无形资产或不动产，用于简易计税方法计税项目、免征增值税项目、集体福利或个人消费等，其进项税额按照现行增值税制度规定不得从销项税额中抵扣的，取得增值税专用发票时，应借记相关成本费用或资产账户，借记“应交税费——待认证进项税额”账户，贷记“银行存款”“应付账款”等账户，经税务机关认证后，应借记相关成本费用或资产账户，贷记“应交税费——应交增值税（进项税额转出）”账户。

3）购进不动产或不动产在建工程按规定进项税额分年抵扣的账务处理。一般纳税人自 2016 年 5 月 1 日后取得并按固定资产核算的不动产或者 2016 年 5 月 1 日后取得的不动产在建工程，其进项税额按现行增值税制度规定自取得之日起分 2 年从销项税额中抵扣的，应当按取得成本，借记“固定资产”“在建工程”等账户，按当期可抵扣的增值税额，借记“应交税费——应交增值税（进项税额）”账户，按以后期间可抵扣的增值税额，借记“应交税费——待抵扣进项税额”账户，按应付或实际支付的金额，贷记“应付账款”“应付票据”“银行存款”等账户。尚未抵扣的进项税额待以后期间允许抵扣时，按允许抵扣的金额，借记“应交税费——应交增值税（进项税额）”账户，贷记“应交税费——待抵扣进项税额”账户。

【例 7—27】2018 年 7 月 10 日，信达公司购进一层办公用房，并于当月投入使用。7 月 27 日，该办公用房的增值税专用发票认证相符，专用发票注明的价款为 1 500 000 元，增值税为 150 000 元，款项已用银行存款支付。不考虑其他

相关因素，编制会计分录如下：

借：固定资产　　1 500 000
　　应交税费——应交增值税（进项税额）（150 000×60%）90 000
　　应交税费——待抵扣进项税额　　（150 000×40%）60 000
　　贷：银行存款　　1 650 000

4）货物等已验收入库但尚未取得增值税扣税凭证的账务处理。一般纳税人购进的货物等已到达并验收入库，但尚未收到增值税扣税凭证并未付款的，应在月末按货物清单或相关合同协议上的价格暂估入账，不需要将增值税的进项税额暂估入账。下月初，用红字冲销原暂估入账金额，待取得相关增值税扣税凭证并经认证后，按应计入相关成本费用或资产的金额，借记“原材料”“库存商品”“固定资产”“无形资产”等账户，按可抵扣的增值税额，借记“应交税费——应交增值税（进项税额）”账户，按应付金额，贷记“应付账款”等账户。

（3）销售等业务的账务处理

1）销售业务的账务处理。企业销售货物、加工修理修配劳务、服务、无形资产或不动产，应当按应收或已收的金额，借记“应收账款”“应收票据”“银行存款”等账户，按取得的收入金额，贷记“主营业务收入”“其他业务收入”“固定资产清理”“工程结算”等账户，按现行增值税制度规定计算的销项税额（或采用简易计税方法计算的应纳增值税额），贷记“应交税费——应交增值税（销项税额）”或“应交税费——简易计税”账户。发生销售退回的，应根据按规定开具的红字增值税专用发票做相反的会计分录。

【例 7—28】信达公司为外单位代加工课桌 1 000 个，每个收取加工费 60 元，已加工完成。开具增值税专用发票注明的价款为 60 000 元，增值税为 9 600 元，款项已收到并存入银行，编制会计分录如下：

借：银行存款　　69 600
　　贷：主营业务收入　　60 000
　　　　应交税费——应交增值税（销项税额）　　9 600

2）视同销售的账务处理。企业发生税法上视同销售的行为，应当按照企业会计准则制度相关规定进行相应的会计处理，并按照现行增值税制度规定计算的销项税额（或采用简易计税方法计算的应纳增值税额），借记“应付职工薪酬”“利润分配”等账户，贷记“应交税费——应交增值税（销项税额）”或“应交税费——简易计税”账户。

（4）进项税额抵扣情况发生改变的账务处理

因发生非正常损失或改变用途等，原已计入进项税额、待抵扣进项税额或待认证进项税额，但按现行增值税制度规定不得从销项税额中抵扣的，借记“待处理财产损溢”“应付职工薪酬”“固定资产”“无形资产”等账户，贷记“应交税费——应交增值税（进项税额转出）”“应交税费——待抵扣进项税额”或“应交税费——待认证进项税额”账户；原不得抵扣且未抵扣进项税额的固定资产、无形资产等，因改变用途等用于允许抵扣进项税额的应税项目的，应按允许抵扣的进项税额，借记“应交税费——应交增值税（进项税额）”账户，贷记“固定资产”“无形资产”等账户。固定资产、无形资产等经上述调整后，应按调整后的账面价值在剩余尚可使用寿命内计提折旧或摊销。

一般纳税人购进时已全额计提进项税额的货物或服务等转用于不动产在建工程的，对于结转以后期间的进项税额，应借记“应交税费——待抵扣进项税额”账户，贷记“应交税费——应交增值税（进项税额转出）”账户。

（5）月末转出多交增值税和未交增值税的账务处理

月度终了，企业应当将当月应交未交或多交的增值税自“应交增值税”明细账户转入“未交增值税”明细账户。对于当月应交未交的增值税，借记“应交税费——应交增值税（转出未交增值税）”账户，贷记“应交税费——未交增值税”账户；对于当月多交的增值税，借记“应交税费——未交增值税”账户，贷记“应交税费——应交增值税（转出多交增值税）”账户。“应交税费——未交增值税”账户贷方余额反映期末结转下期应交的增值税，借方余额反映多交增值税。

【例 7—29】月末，信达公司将尚未交纳的增值税税款 25 800 元结转。编制会计分录如下：

借：应交税费——应交增值税（转出未交增值税）　　25 800

　　贷：应交税费——未交增值税　　25 800

次月，信达公司交纳上月未交增值税 25 800 元。编制会计分录如下：

借：应交税费——未交增值税　　25 800

　　贷：银行存款　　25 800

（6）交纳增值税的账务处理

1）交纳当月应交增值税的账务处理。企业交纳当月应交的增值税，借记“应交税费——应交增值税（已交税金）”账户，贷记“银行存款”账户。

2）交纳以前期间未交增值税的账务处理。企业交纳以前期间未交的增值税，借记“应交税费——未交增值税”账户，贷记“银行存款”账户。

3）预交增值税的账务处理。企业预交增值税时，借记“应交税费——预交增值税”账户，贷记“银行存款”账户。月末，企业应将“预交增值税”明细账户余额转入“未交增值税”明细账户，借记“应交税费——未交增值税”账户，贷记“应交税费——预交增值税”账户。房地产开发企业等在预交增值税后，应直至纳税义务发生时方可从“应交税费——预交增值税”账户结转至“应交税费——未交增值税”账户。

【例 7—30】2018 年 9 月，信达公司发生销项税额合计为 312 600 元，进项税额转出合计 26 890 元，进项税额为 189 000 元。计算当月应交增值税，并以银行存款交纳增值税。编制会计分录如下：

应交增值税 =312 600+26 890−189 000=150 490（元）

借：应交税费——应交增值税（已交税金）　　150 490

　　贷：银行存款　　150 490

3. 小规模纳税人的账务处理

小规模纳税人进行账务处理时，一般只需在“应交税费”账户下设置“应交增值税”明细账户，并不再设置专栏。“应交税费——应交增值税”账户，借方登记已交纳的增值税，贷方登记应交纳的增值税。期末余额在贷方，反映尚未交纳的增值税；期末余额在借方，反映为多交的增值税。

小规模纳税人购买物资、服务、无形资产或不动产，取得增值税专用发票上注明的增值税应计入相关成本费用或资产，不通过“应交税费——应交增值税”账户核算。

小规模纳税人销售货物或提供应税劳务时，只能开具普通发票，不能开具增值税专用发票。小规模纳税人应当按照不含税销售额和规定的增值税征收率计算交纳增值税。

【例 7—31】某小规模纳税人销售一批产品，开出普通发票中注明的货款（含税）为 30 900 元，增值税征收率为 3%，款项已存入银行。编制会计分录如下：

不含税销售额 = 含税销售额 ÷（1+ 征收率）=30 900÷（1+3%）=30 000（元）

应纳增值税 = 不含税销售额 × 征收率 =30 000×3%=900（元）

借：银行存款　　30 900

　　贷：主营业务收入　　30 000

　　　　应交税费——应交增值税　　900

三、应交消费税的核算

1. 消费税概述

消费税是指在我国境内生产、委托加工和进口应税消费品的单位和个人，按其流转额交纳的一种税。消费税属于“价内税”。在中华人民共和国境内从事生产、委托加工和进口税法规定的应税消费品的单位和个人为消费税的纳税人。现行消费税的征收范围主要包括：烟、酒、鞭炮焰火、高档化妆品、成品油、贵重首饰及珠宝玉石、高尔夫球及球具、高档手表、游艇、木制一次性筷子、实木地板、摩托车、小汽车等。

2. 应交消费税的核算方法

企业应交的消费税，在“应交税费”账户下设置“应交消费税”明细账户，核算应交消费税的发生、交纳情况。借方登记已交纳的消费税，贷方登记应交纳的消费税。期末余额在贷方，反映企业尚未交纳的消费税；期末余额在借方，反映企业多交纳的消费税。

（1）销售应税消费品

企业将生产的应税消费品直接对外销售的，应交纳的消费税通过“税金及附加”账户核算。

知识链接

根据《财政部关于印发<增值税会计处理规定>的通知》（财会〔2016〕22号），全面试行营业税改征增值税后，“营业税金及附加”账户名称调整为“税金及附加”账户。该账户核算企业经营活动发生的消费税、城市维护建设税、资源税、教育费附加及房产税、土地使用税、车船使用税、印花税等相关税费。利润表中的“营业税金及附加”项目调整为“税金及附加”项目。

【例7—32】信达公司销售一批应税消费品，价款800 000元（不含增值税），适用的消费税税率为15%。编制会计分录如下：

应交消费税税额=800 000×15%=120 000（元）

借：税金及附加　　120 000
　　贷：应交税费——应交消费税　　120 000

【例7—33】承【例7—32】，以银行存款实际缴纳消费税。编制会计分录如下：

借：应交税费——应交消费税　　120 000
　　贷：银行存款　　120 000

（2）自产自用应税消费品

企业将生产的应税消费品用于在建工程、职工集体福利时，按规定应交纳的消费税，借记“在建工程”等账户，贷记“应交税费——应交消费税”账户；将自产应税消费品用于对外投资、分配给职工等，应该借记“税金及附加”账户，贷记“应交税费——应交消费税”账户。

【例7—34】信达公司将自产的应税销售品用于自建工程项目，该批产品成本30 000元，应纳消费税3 000元，不考虑其他相关税费。编制会计分录如下：

借：在建工程　　33 000
　　贷：库存商品　　30 000
　　　　应交税费——应交消费税　　3 000

（3）委托加工应税消费品

需要交纳消费税的委托加工应税消费品，于委托方提货时，由受托方代收代缴税款。受托方按应扣税款金额，借记“应收账款”“银行存款”等账户，贷记“应交税费——应交消费税”账户。

委托加工物资收回后，直接用于销售的，委托方应将受托方代收代缴的消费税计入委托加工物资的成本；委托加工物资收回后用于连续生产应税消费品，按规定准予抵扣的，委托方应按已由受托方代收代缴的消费税，借记“应交税费——应交消费税”账户，贷记“应付账款”“银行存款”等账户，待用委托加工的应税消费品生产出应纳消费税产品销售时，再交纳消费税。

四、应交城市维护建设税和应交教育费附加的核算

1. 应交城市维护建设税的核算

城市维护建设税是我国为了加强城市的维护建设，扩大和稳定城市维护建设资金的来源，对有经营收入的单位和个人征收的一个税种。城市维护建设税是以实际缴纳的增值税、消费税之和为计税依据，本质上属于一种附加税。

城市维护建设税按纳税人所在地的不同实行地区差别税率，具体为：纳税

人所在地为城市市区的，税率为 7%；纳税人所在地为县城、建制镇的，税率为 5%；纳税人所在地区不在市区、县城或者建制镇的，税率为 1%。计算公式为：

应纳税额 =（实际缴纳增值税 + 实际缴纳消费税）× 适用税率

企业按规定计算出应交城市维护建设税时，借记“税金及附加”等账户，贷记“应交税费——应交城市维护建设税”账户；实际缴纳时借记“应交税费——应交城市维护建设税”账户，贷记“银行存款”账户。

【例 7—35】信达公司 2018 年 11 月实际缴纳增值税 65 000 元，实际缴纳消费税 13 000 元，该公司适用的城市维护建设税税率为 7%。编制会计分录如下：

应交城市维护建设税 =（65 000+13 000）×7%=5 460（元）

（1）计提税款

借：税金及附加　　5 460

　　贷：应交税费——应交城市维护建设税　　5 460

（2）缴纳税款

借：应交税费——应交城市维护建设税　　5 460

　　贷：银行存款　　5 460

2. 应交教育费附加的核算

教育费附加是为了发展教育事业而向纳税人征收的附加费，其纳税人为缴纳增值税、消费税的单位和个人，教育费附加是以实际缴纳的增值税、消费税之和为计税依据。当前教育费附加的征收比率为 3%，地方教育费附加的征收比率为 2%，计算公式为：

应交教育费附加额 =（实际缴纳增值税 + 实际缴纳消费税）× 征收比率

企业按规定计算出应交教育费附加时，借记“税金及附加”等账户，贷记“应交税费——应交教育费附加”和“应交税费——应交地方教育费附加”账户；实际缴纳时借记“应交税费——应交教育费附加”和“应交税费——应交地方教育费附加”账户，贷记“银行存款”账户。

【例 7—36】信达公司 2018 年 11 月实际缴纳增值税 65 000 元，实际缴纳消费税 13 000 元，该公司适用的教育费附加征收比率为 3%，地方教育费附加的征收比率为 2%。编制会计分录如下：

应交教育费附加 =（65 000+13 000）×3%=2 340（元）

应交地方教育费附加 =（65 000+13 000）×2%=1 560（元）

（1）计提教育费附加

借：税金及附加　　　　　　　　　　　　　　　　　　3 900

　　贷：应交税费——应交教育费附加　　　　　　　　　　2 340

　　　　应交税费——应交地方教育费附加　　　　　　　　1 560

（2）缴纳教育费附加

借：应交税费——应交教育费附加　　　　　　　　　　2 340

　　应交税费——应交地方教育费附加　　　　　　　　1 560

　　贷：银行存款　　　　　　　　　　　　　　　　　　3 900

五、其他税费的核算

1. 应交资源税

资源税是对在我国境内开采应税矿产品和生产盐的单位和个人，就其应税数量征收的一种税。

资源税是为了调节资源开采中的级差收入、体现国有资源有偿使用、促进资源合理开发利用而对资源产品开征的税种。2016 年 5 月 10 日，财政部发布关于全面推进资源税改革的通知，自 2016 年 7 月 1 日起实施从价计征改革与水资源税改革试点，资源税全面施行从价计征，即以课税对象的自然数量与单位价格的乘积为计税依据，税额 = 金额 × 税率。

企业按规定应交的资源税，在“应交税费”账户下设置“应交资源税”明细账户核算。该账户借方登记企业已交的或规定允许抵扣的资源税，贷方登记应交的资源税。期末余额在贷方，反映尚未交纳的资源税；若余额在借方，反映多交或尚未抵扣的资源税。

对外销售应税产品应交的资源税，应借记“税金及附加”账户，贷记“应交税费——应交资源税”账户；自产自用的应税产品应交纳的资源税应借记“生产成本”“制造费用”等账户，贷记“应交税费——应交资源税”账户。上缴资源税时，借记“应交税费——应交资源税”账户，贷记“银行存款”等账户。

【例 7—37】某原油开采企业为增值税一般纳税人，2018 年 3 月开采、销售原油 3 万吨，取得不含税收入 12 000 万元，原油资源税税率为 6%。编制会计分录如下：

当月应纳资源税 =12 000×6%=720（万元）

借：税金及附加　　　　　　　　　　　　　　　　7 200 000

　　贷：应交税费——应交资源税　　　　　　　　　　7 200 000

2. 应交土地增值税

土地增值税是指转让国有土地使用权、地上建筑物及其附着物并取得收入的单位和个人，以增值额为计税依据向国家缴纳的一种税。土地价格增值额是指转让房地产取得的收入减除规定的房地产开发成本、费用等支出后的余额。土地增值税实行四级超率累进税率。

土地增值税按照转让房地产所取得的增值额和规定的税率计算征收，通过“应交税费——应交土地增值税”账户核算。企业转让的土地使用权连同地上建筑物及其附着物一并在“固定资产”账户核算的，转让时应交的土地增值税，借记“固定资产清理”账户，贷记“应交税费——应交土地增值税”账户；土地使用权在“无形资产”账户核算的，按实际收到的金额，借记“银行存款”账户，按应交的土地增值税，贷记“应交税费——应交土地增值税”账户，同时冲销土地使用权的账面价值，将其差额计入资产处置损益。房地产开发经营企业销售房地产应交的土地增值税，借记“税金及附加”账户，贷记“应交税费——应交土地增值税”账户。

3. 应交房产税、城镇土地使用税、车船税的核算

房产税是以房屋为征税对象，按房屋的计税余值或租金收入为计税依据，向产权所有人征收的一种财产税。对于经营自用的房屋，是以房产的原值一次性减除 10% 至 30% 后的余值作为计税依据。如果没有房产原值作为依据，将由房产所在地的税务机关参考同类房产核定。按房产余值计征的，年税率为 1.2%；按房产出租的租金收入计征的，税率为 12%。

城镇土地使用税是在城市、县城、建制镇、工矿区范围内使用土地的单位和个人，为城镇土地使用税的纳税义务人。城镇土地使用税是以实际占用的土地面积为计税依据，适用地区幅度差别定额税率。

车船税是以车船为征税对象，向拥有车船的单位和个人征收的一种税。车船税实行定额税率。

企业应交的房产税、城镇土地使用税、车船税，借记“税金及附加”账户，贷记“应交税费——应交房产税”“应交税费——应交城镇土地使用税”“应交税费——应交车船使用税”账户。

【例 7—38】信达公司按照规定，本期应交的房产税 36 000 元、城镇土地使用税 64 000 元、车船税 8 000 元。编制会计分录如下：

（1）计提应缴纳的上述税费

借：税金及附加 108 000

　　贷：应交税费——应交房产税 36 000

　　　　应交税费——应交城镇土地使用税 64 000

　　　　应交税费——应交车船使用税 8 000

（2）以银行存款缴纳上述税费

借：应交税费——应交房产税 36 000

　　应交税费——应交城镇土地使用税 64 000

　　应交税费——应交车船使用税 8 000

　　贷：银行存款 108 000

4. 应交个人所得税

企业按规定计算的代扣代缴的职工个人所得税，借记“应付职工薪酬——工资、奖金、补贴、津贴”账户，贷记“应交税费——应交个人所得税”账户；企业交纳个人所得税时，借记“应交税费——应交个人所得税”账户，贷记“银行存款”账户。

5. 车辆购置税

车辆购置税是对在境内购置规定车辆的单位和个人征收的一种税。车辆购置税的纳税人为购置（包括购买、进口、自产、受赠、获奖或以其他方式取得并自用）应税车辆的单位和个人，征税范围为汽车、摩托车、电车、挂车、农用运输车。车辆购置税的税率为10%，企业购置车辆缴纳的车辆购置税计入车辆的购置成本。其应纳税额的计算公式为：

应纳税额 = 计税价格 × 税率

6. 印花税

印花税是对经济活动和经济交往中书立、领受具有法律效力的凭证的行为所征收的一种税。

印花税的税率有两种形式，即比例税率和定额税率。印花税实行由纳税人根据规定自行计算应纳税额，购买并一次贴足印花税票的缴纳办法。企业缴纳印花税不会发生应付未付税款的情况，因此，其缴纳印花税不需要通过“应交税费”账户核算，应于购买印花税票时，借记“税金及附加”账户，贷记“银行存款”或“库存现金”账户。

练习题

一、填空题

1. 短期借款是指企业向银行或其他金融机构等借入的期限在________的各种款项。

2. 商业汇票按承兑人不同分为________和________。

3. 城市维护建设税是以实际缴纳的________、________之和为计税依据。

4. 企业因债权人撤销或其他原因而转销的无法支付的应付账款，应记入“________”账户。

二、单选题

1. 企业交纳的下列税金中，不通过“应交税费”账户核算的是（　　）。

A. 印花税　　B. 消费税

C. 房产税　　D. 土地增值税

2. 应付银行承兑汇票到期，如企业无力支付票据款，应将应付票据价值转入（　　）。

A. 短期借款　　B. 应付账款

C. 其他应付款　　D. 坏账准备

3. 委托加工的应税消费品收回后准备直接出售的，由受托方代收代缴的消费税，委托方应借记的会计账户是（　　）。

A. 在途物资　　B. 税金及附加

C. 应交税费——应交消费税　　D. 委托加工物资

4. 下列不属于流动负债的项目是（　　）。

A. 应付债券　　B. 应付票据　　C. 应付股利　　D. 应付账款

5. 企业支付银行承兑的手续费应列为（　　）。

A. 管理费用　　B. 应付票据　　C. 财务费用　　D. 应付账款

三、业务题

1. 信达公司于2018年1月1日向银行借入资金100万元，期限为9个月，年利率为6%。根据与银行签署的借款协议，该项借款的本金到期后一次归还，利息分月预提，按季支付。根据要求编制如下会计分录：

（1）该公司借入款项。

（2）1 月末预提利息。

（3）3 月末支付利息。

（4）到期归还本金。

2．4 月 1 日，信达公司开出一张面值 10 000 元、期限 3 个月、利率 6% 的商业承兑汇票，用以偿付上月所欠乙公司的货款。利息按月计提，到期支付票据本息。根据要求编制如下会计分录：

（1）4 月 1 日开出商业汇票。

（2）4 月末计提本月利息。

（3）7 月 1 日以银行存款支付票据本息。

（4）假设该公司到期无力偿付票据本息，编制相关会计分录。

3．2018 年 7 月 1 日，信达公司以其生产的空调作为福利发放给 300 名参与产品生产的工人，已知该型号的空调市场售价为每台 2 600 元，每台成本为 2 000 元。根据上述资料编制相关会计分录。

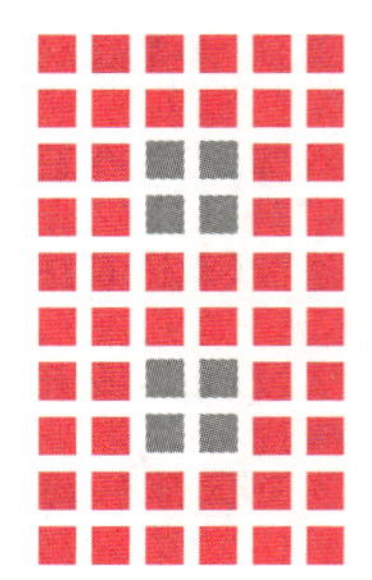

第八章
非流动负债

学习目标

- 掌握非流动负债的概念和分类
- 掌握长期借款的核算
- 掌握应付债券的核算
- 熟悉长期应付款的计算内容

第一节　非流动负债概述

企业在生产经营过程中，由于扩大生产规模等原因而进行的改扩建厂房、增加机器设备等往往需要大量长期资金。企业需要的长期资金，其筹集方式主要有借款和发行债券，一般属于非流动负债。

一、非流动负债的概念

非流动负债是流动负债以外的负债，它是指偿还期在一年或者超过一年的一个营业周期以上的负债。非流动负债是企业向债权人筹集的、可供长期使用的资金，是企业筹集资金的一种重要方式。

二、非流动负债的特征

非流动负债除了具有负债的共同特征外，与流动负债相比，还具有如下特点：①债务偿还期限较长；②债务的金额较大；③债务可以采用分期偿还。

三、非流动负债的分类

1. 非流动负债按照筹措方式的不同，分为长期借款、应付债券和长期应付款等。

2. 非流动负债按照偿还方式的不同，分为定期偿还的非流动负债和分期偿还的非流动负债。

3. 非流动负债按照付息方式的不同，分为到期一次付息的非流动负债和分期付息的非流动负债。

四、非流动负债的优缺点

非流动负债的优点是可以为投资者提供更多的获利机会，缺点是举借非流动负债可能会给企业带来较大的财务风险，其利息费用会加重企业的负担，因此企业应加强对长期债务的决策与管理，适度举债。

第二节 长期借款

一、长期借款的概念

长期借款是指向银行或其他金融机构借入的期限在一年以上（不含一年）的各项借款。它一般用于固定资产的购建、改扩建工程、大修理工程、对外投资以及为了保持企业长期经营能力等方面。长期借款是企业长期负债的重要组成部分，必须加强管理与核算。

二、长期借款的分类

1. 按取得途径，长期借款划分为从银行取得的长期借款和从非银行金融机构取得的长期借款。目前，我国企业的长期借款主要是从银行取得的。

2. 按借款条件，长期借款划分为抵押借款、信用借款和担保借款。

3. 按偿还期限，长期借款划分为定期偿还的长期借款和分期偿还的长期借款。

4. 按借款用途，长期借款划分为用于新建、扩建、改建或购买固定资产等有关支出的基本建设借款，用于固定资产更新及技术改造的技术改造借款和用于保持企业长期经营能力的生产经营借款。

三、长期借款的核算

长期借款的核算，通过设置“长期借款”账户进行。该账户用来核算长期借款的借入、应计利息、归还和结欠情况。该账户属于负债类，其贷方登记借入的本金及应计利息，借方登记偿还长期借款的本息；期末余额在贷方，表示尚未偿还的长期借款本金和利息数额。该账户可按贷款单位和贷款种类，分别设置“本金”“利息调整”等进行明细分类核算。

1. 借入长期借款的核算

借：银行存款

　　贷：长期借款——× × 银行

2. 资产负债表日长期借款的核算

企业按长期借款的摊余成本和实际利率计算确定长期借款的利息费用，借记“在建工程”“财务费用”“制造费用”“研发支出”等账户，按借款本金和合同利率计算确定的应付未付利息，贷记“应付利息”账户（对于一次还本付息的长期借款，贷记“长期借款——应计利息”账户）。按其差额借记或贷记“长期借款——利息调整”账户。如果实际利率与合同利率一致或相差较小时，可采用合同利率计算确定利息费用，在这种情况下，就不存在长期借款计提利息的“利息调整”的问题。

长期借款利息的计算目前有单利和复利两种方法。在我国，国内企业的长期借款利息一贯采用单利，外商投资企业、中外合营企业的长期借款利息则一般按复利计算。

长期借款的利息，根据借款合同规定，可采用分期支付或到期还本时一次支付的方式，不论是分期支付还是到期还本时一次支付，均按权责发生制原则，将本期应负担的长期借款利息计提入账。

计算确定长期借款利息费用时，如果长期借款用于企业生产经营，发生的利息费用计入财务费用；如果长期借款用于购建固定资产，在固定资产尚未达到预定可使用状态前，发生的利息费用计入在建工程成本　在固定资产达到预定可使用状态后，发生的利息费用不予资本化计入财务费用。

借：在建工程等

　　贷：应付利息

3. 企业归还长期借款的核算

借：长期借款——××银行

　　贷：银行存款

【例 8—1】信达公司为建造仓库，于 2016 年 1 月 1 日向工商银行借入 3 年期借款 2 800 000 元，年利率为 7%，每年末支付一次利息。公司于 2016 年 1 月 1 日支付工程款 2 000 000 元，于 2017 年 1 月 1 日支付工程款 800 000 元，该项工程于 2017 年底竣工并交付使用。借款于第三年一次性还本，假定借款期内实际利率与合同利率差异很小。编制会计分录如下：

（1）取得借款

借：银行存款　　　　2 800 000

　　贷：长期借款——工商银行（本金）　　　　2 800 000

（2）2016 年 1 月 1 日支付工程款

借：在建工程——仓库　　2 000 000

　　贷：银行存款　　2 000 000

（3）2016 年年底，支付工程款 2 000 000 元借款发生在工程竣工之前，所以利息支出应予以资本化，记入“在建工程”账户的是 2 000 000×7%=140 000（元），记入“财务费用”账户的是 800 000×7%=56 000（元）

借：在建工程——仓库　　140 000

　　财务费用　　56 000

　　贷：应付利息　　196 000

借：应付利息　　196 000

　　贷：银行存款　　196 000

（4）2017 年 1 月 1 日支付工程款

借：在建工程——仓库　　800 000

　　贷：银行存款　　800 000

（5）2017 年年底，由于利息发生在工程竣工之前，应予资本化的利息 2 800 000×7%=196 000（元）

借：在建工程——仓库　　196 000

　　贷：应付利息　　196 000

借：应付利息　　196 000

　　贷：银行存款　　196 000

（6）由于 2018 年工程已竣工，应予费用化的利息 2 800 000×7%=196 000（元）

借：财务费用　　196 000

　　贷：应付利息　　196 000

借：应付利息　　196 000

　　贷：银行存款　　196 000

（7）2018 年年底一次还本

借：长期借款——工商银行（本金）　　2 800 000

　　贷：银行存款　　2 800 000

【例 8—2】2016 年 1 月 1 日，信达公司为购建生产线从建设银行借入 3 年期、年利率为 9% 的借款 900 000 元，借款当日全部用于生产线建设，工程建设期限 2 年，购建的生产线于两年末达到预定可使用状态。假定借款期内实际利率与合同利率差异很小，按年计息，到期一次还本付息。编制会计分录如下：

（1）2016 年 1 月 1 日取得借款

借：银行存款	900 000	
贷：长期借款——建设银行（本金）		900 000

（2）2016 年 1 年 1 月支付工程款

借：在建工程——新建生产线	900 000	
贷：银行存款		900 000

（3）2016 年年底计提利息 900 000×9%=81 000（元）

借：在建工程——新建生产线	81 000	
贷：长期借款——应计利息		81 000

（4）2017 年年底计提利息 900 000×9%=81 000（元）

借：在建工程——新建生产线	81 000	
贷：长期借款——应计利息		81 000

（5）2017 年年底工程完工，结转工程成本 900 000+81 000+81 000=1 062 000（元）

借：固定资产——新建生产线	1 062 000	
贷：在建工程——新建生产线		1 062 000

（6）2018 年年底一次还本付息，借款利息 900 000×9%=81 000（元）

借：财务费用	81 000	
贷：长期借款——应计利息		81 000
借：长期借款——应计利息	243 000	
长期借款——建设银行（本金）	900 000	
贷：银行存款		1 143 000

知识链接

单利和复利的计算方法

1. 单利就是只按本金计算利息，其所生成的利息不再加入本金重复计算利息，计算公式为：

利息 = 本金 × 利率 × 期数

借款本利和 = 本金 + 本金 × 利率 × 期数 = 本金 ×（1+ 利率 × 期数）

2. 复利就是不仅按本金计算利息，对还未支付的利息也要计算应付利息，俗称“利滚利”。在西方国家，长期借款利息一般按复利计算，计算公式为：

当期利息 = 上期本利和 × 利率

借款本利和 = 本金 ×（1+ 利率）^{期数}

第三节 应付债券

一、应付债券的概念

应付债券是指企业按照法定程序，为筹集长期资金而实际发行的期限在一年以上的书面凭证。与长期借款比较，债券可以向社会各单位及个人发售，可以在市场上流通和转让，可以向银行或其他金融机构申请抵押。而长期借款只能向银行或金融机构借入，不得进行交易，因此债券应用面比较广。

二、应付债券的分类

1. 按照是否记名，应付债券划分为记名债券和无记名债券。

2. 按照债券本金的还款方式，应付债券划分为期满偿还债券、期中偿还债券和延期偿还债券。

3. 按照能否转换为股票，应付债券划分为可转换债券和不可转换债券。

4. 按照归还期限，应付债券划分为一次还本付息的债券和分期归还利息、一次还本的债券。

三、应付债券的核算

应付债券的核算，通过设置“应付债券”账户进行。核算企业为筹集长期资金而发行债券的本金和利息。该账户属于负债类账户，贷方登记应付债券的本金及预计的利息，借方登记偿还的应付债券的本金及应计的利息，期末余额在贷方，表示尚未偿还的应付债券本息。该账户可按应付债券的本金及应计的利息，分别设置“面值”“利息调整”“应计利息”等进行明细核算。

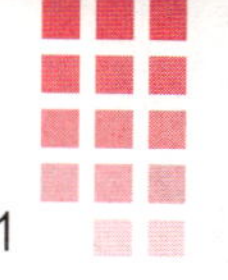

应付债券的主要账务处理：

1. 债券发行的核算

借：银行存款

　　贷：应付债券——面值

如存在差额，还应借记或贷记“应付债券——利息调整”。

2. 资产负债表日应付债券的核算

（1）对于一次还本付息的应付债券，在资产负债表日按摊余成本和实际利率计算利息费用，按票面金额和票面利率计算应付未付的利息。

借：“在建工程”“财务费用”“制造费用”等

　　贷：应付债券——应计利息

如存在差额，还应借记或贷记“应付债券——利息调整”。

（2）对于分期归还利息、一次还本的债券，在资产负债表日按摊余成本和实际利率计算利息费用，按票面金额和票面利率计算应付未付的利息。

借：“在建工程”“财务费用”“制造费用”等

　　贷：应付利息

按其差额，借记或贷记“应付债券——利息调整’。

3. 应付债券到期的核算

（1）对于一次还本付息的应付债券，到期时：

借：应付债券——面值

　　应付债券——应计利息

　　贷：银行存款

（2）对于分期归还利息、一次还本的债券，到期时：

借：“应付债券——面值”“在建工程”“财务费用”“制造费用”等

　　贷：银行存款

按其差额，借记或贷记“应付债券——利息调整’。

企业发行债券时应当设置“债券备查簿”，详细记录企业债券的票面金额、票面利率、发行总额、还本付息期限与方式、发行时间和编号、委托代售部门、转换股份等情况。企业债券到期兑付后，在备查簿中予以注销。

【例 8—3】2016 年 1 月 1 日，信达公司为新建车间发行 3 年期债券 10 000 000

元，票面年利率为5%，每年年末支付利息，到期一次还本。所筹资金全部用于新建车间项目，该工程于2018年底完工交付使用。假定票面利率与实际利率差异较小。编制会计分录如下：

（1）2016年1月1日发行债券

借：银行存款　10 000 000

　　贷：应付债券——面值　10 000 000

（2）2016年12月31日计算并支付利息

利息=10 000 000×5%=500 000（元）

借：在建工程——新建车间　500 000

　　贷：应付利息　500 000

借：应付利息　500 000

　　贷：银行存款　500 000

（3）2017年12月31日计算并支付利息与2016年账务处理一样（略）

（4）2018年12月31日计算、支付利息并一次还本

借：在建工程——新建车间　500 000

　　贷：应付利息　500 000

借：应付利息　500 000

　　贷：银行存款　500 000

借：应付债券——面值　10 000 000

　　贷：银行存款　10 000 000

【例8—4】承【例8—3】，支付利息改为到期一次还本付息，其他条件不变。编制会计分录如下：

（1）2016年1月1日发行债券

借：银行存款　10 000 000

　　贷：应付债券——面值　10 000 000

（2）2016年12月31日计提利息10 000 000×5%=500 000（元）

借：在建工程——新建车间　500 000

　　贷：应付债券——应计利息　500 000

（3）2017年12月31日计提利息与2016年账务处理一样（略）

（4）2018年12月31日一次还本付息

借：在建工程——新建车间　500 000

　　贷：应付债券——应计利息　500 000

借：应付债券——面值　　10 000 000
　　应付债券——应计利息　　1 500 000
　　贷：银行存款　　11 500 000

知识链接

债券的发行价格通常有平价、溢价和折价三种，平价是按照债券的票面金额为发行价格，溢价是以高于债券票面金额的金额为发行价格，折价是以低于债券票面金额的金额为发行价格。债券的发行价格受多种因素的影响，最主要的影响因素是票面利率与市场利率的一致程度，实际利率与票面利率差异不大的，也可以按照票面利率计算利息费用。

第四节　长期应付款

一、长期应付款的概念

长期应付款是指企业除长期借款和应付债券以外的其他各种长期应付款项，主要包括应付融资租入固定资产的租赁费、以分期付款方式购入固定资产等发生的应付款项等。

二、长期应付款的核算

长期应付款的核算，通过设置“长期应付款”账户进行。该账户属于负债类账户，贷方登记长期应付款的增加额，借方登记归还的长期应付款，期末余额在贷方，表示尚未偿还的长期应付款。该账户按长期应付款的种类及债权人分别进行明细核算。

长期应付款所发生的借款费用，包括利息、汇兑差额、手续费等，按照借款费用的账务处理办法确认入账。

1. 融资租入固定资产的核算方法

融资租入固定资产在租赁开始日，将租赁资产的公允价值与最低租赁付款额现值两者中较低者，加上初始直接费用，作为租入固定资产的成本入账，借记“固定资产”等账户；按最低租赁付款额，贷记“长期应付款”账户；按发生的初始直接费用，贷记“银行存款”等账户，按其差额，借记“未确认融资费用”账户。按期支付的租金，借记“长期应付款”账户，贷记“银行存款”等账户。

2. 以分期付款方式购入资产的核算

以分期付款方式购入资产属于超过正常信用条件延期支付价款，实质上具有融资性质，应按购买价款的现值，借记“固定资产”“在建工程”等账户，按应支付的金额，贷记“长期应付款”账户，按其差额，借记“未确认融资费用”账户。按期支付价款时，借记“长期应付款”账户，贷记“银行存款”账户。

练习题

一、填空题

1. 根据筹措方式的不同，企业非流动负债主要分为________、__________和________等。

2. 长期借款一般用于________、________、________、________以及为了保持企业长期经营能力等方面。

3. 长期应付款是指企业除________和________以外的其他各种长期应付款项，主要包括________、________等发生的应付款项等。

4. 应付债券按归还期限分类，分为________和________的债券。

5. 长期借款利息的计算目前有________和________两种方法。

二、单选题

1. 企业每期期末确定计算分期付息到期一次还本的长期借款的利息，对其中应当予以资本化的部分，下列会计处理正确的是（　　）。

A. 借记“财务费用”账户，贷记“应付利息”账户

B. 借记“在建工程”账户，贷记“应付利息”账户

C. 借记“在建工程”账户，贷记“长期借款”账户

D. 借记“财务费用”账户，贷记“长期借款”账户

2. 企业长期借款的利息费用，涉及不到的账户是（　　）。

A. 固定资产　　　　B. 财务费用

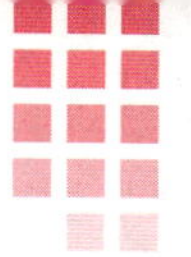

C. 管理费用　　　　D. 在建工程

3. 下列各项中，属于非流动负债的是（　　）。

A. 预付账款　　　　B. 预收账款

C. 长期应付款　　　　D. 其他应付账款

三、业务题

1. 甲公司为建造生产线借入期限为 1 年 8 个月、年利率 7% 的长期借款 2 000 000 元，借款于当日全部投入建造项目中，于 1 年 3 个月后完工并交付使用。要求：对上述业务进行账务处理。

2. 乙企业为增值税一般纳税人，于 2018 年 12 月 31 日从银行借入 2 年期资金 3 800 000 元，年利率为 8.4%，不计复利，每年年末支付利息，到期一次还本，所借款项已存入银行。乙企业于 2019 年 1 月 1 日用该笔借款购买一台需安装的固定资产，价款 3 000 000 元，增值税 480 000 元，另支付运费等 40 000 元，2019 年 8 月 1 日再投入 250 000 元进行设备安装，2020 年 12 月 31 日该固定资产竣工并投入使用。要求：对上述业务进行账务处理。

3. 丙公司为了新建车间，在 2018 年 1 月 1 日发行 3 年期债券 850 万元，票面年利率为 8%，按年计息，到期一次还本付息，所筹资金全部用于新建车间项目，该工程于 2019 年年底完工并交付使用。假定票面利率与实际利率差异较小。要求：对上述业务进行账务处理。

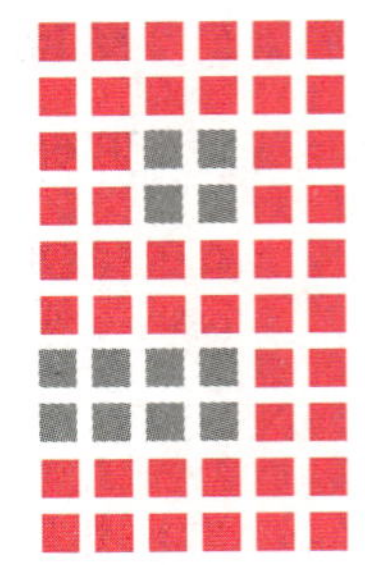

第九章
所有者权益

学习目标

- 了解所有者权益的概念以及与负债的区别
- 掌握实收资本的核算
- 掌握资本公积的核算
- 掌握盈余公积来源、用途及核算
- 掌握未分配利润的核算

第一节　所有者权益概述

一、所有者权益的概念

所有者权益是指企业资产扣除负债后由所有者享有的剩余权益，即：资产－负债＝所有者权益。公司的所有者权益又称为股东权益。

所有者权益是企业投资人对企业净资产的所有权，它受总资产和总负债变动的影响而发生增减变动。所有者权益包含所有者以其出资额的比例分享企业利润；与此同时，所有者也必须以其出资额承担企业的经营风险。

企业的所有者和债权人均是企业资产的提供者，因而所有者权益和负债（债权人权益）二者均是对企业资产的要求权，但二者之间又存在着明显的区别，主要体现在：①性质不同；②权利不同；③偿还期限不同；④风险不同；⑤计量不同。

二、所有者权益的特征

在一般情况下，债权人对企业资产的索取权比所有者对企业资产的索取权优先。所有者权益与债权人权益比较，具有以下四个特征：

第一，所有者权益在企业经营期内可供企业长期、持续地使用，企业不必向投资人返还资本金。而负债则必须按期返还给债权人，成为企业的负担。

第二，企业所有人凭其对企业投入的资本，享受税后分配利润的权利。所有者权益是企业分配税后净利润的主要依据，而债权人除按规定取得利息外，无权分配企业的盈利。

第三，企业所有人有权行使企业的经营管理权，或者授权管理人员行使经营管理权，但债权人无经营管理权。

第四，企业的所有者对企业的债务和亏损负有无限的责任或有限的责任，而债权人对企业的除债权人之外的其他债务无关联，一般也不承担企业的亏损责任。

三、所有者权益的内容

所有者权益的内容包括以下三个方面。

1. 实收资本

实收资本是指所有者以货币和其他形式投入企业的资本。

2. 资本公积

资本公积是指企业收到投资者投入的超出其在注册资本中所占份额的投资，以及直接计入所有者权益的利得和损失。

知识链接

利得是指由企业非日常经营活动所形成的、会导致所有者权益增加的、与所有者投入资本无关的经济利益的流入，分为：①直接计入所有者权益的利得；②直接计入当期利润的利得。

损失是指由企业非日常经营活动所发生的、会导致所有者权益减少的、与向所有者分配利润无关的经济利益的流出，分为：①直接计入所有者权益的损失；②直接计入当期利润的损失。

3. 留存收益

留存收益是企业从历年实现的净利润留存于企业的部分，主要包括盈余公积和未分配利润。

第二节 实收资本

一、实收资本概述

1. 实收资本的概念

实收资本是指所有者以货币和其他形式投入企业的资本。

知识链接

> 我国实行的是注册资本制，因而，在投资者足额缴纳资本之后，企业的实收资本应该等于企业的注册资本。所有者向企业投入的资本，在一般情况下无须偿还，可以长期周转使用。

2. 投入资本的分类

（1）按投入资产形式的不同，投入资本可以分为现金资产投资和非现金资产投资。

（2）按投资主体不同，投入资本可分为六种：国家资本、集体资本、法人资本、个人资本、港澳台资本、外商资本。

二、实收资本的核算

设置“实收资本”账户，该账户核算企业接受投资者投入的实收资本。若为股份有限公司应将该账户改为“股本”。该账户为所有者权益类账户，借方登记减资时所减少的注册资本额，贷方登记企业实际收到投资者投入的资本额，余额一般在贷方，反映期末实收资本的实有数额。该账户按照投资者设置明细账。

1. 接受投资的核算

（1）接受现金资产投资

投资者以现金投入的资本，应当以实际收到或者存入企业开户银行的金额作为实收资本入账。实际收到或者存入企业开户银行的金额超过其在该企业注册资本中所占份额的部分，记入“资本公积——资本溢价”账户。

【例 9—1】信达公司由甲企业、乙公司、个人丙共同出资设立，公司注册资本为 1 000 000 元，甲、乙、丙持股比例分别为 50%、30% 和 20%。2017 年 1 月 5 日，公司如期收到各投资者一次性缴足的款项。编制会计分录如下：

借：银行存款	1 000 000	
贷：实收资本——甲企业		500 000
实收资本——乙公司		300 000
实收资本——丙		200 000

【例 9—2】信达公司接受投资者丁公司投资 800 000 元，占信达公司注册资本 2 000 000 元的 30%。编制会计分录如下：

借：银行存款　　800 000
　贷：实收资本——丁公司　　600 000
　　资本公积——资本溢价　　200 000

（2）接受非现金资产投资

投资者以非现金资产投入的资本，应按投资各方确认的价值作为实收资本入账。

1）接受固定资产投资

【例 9—3】信达公司接受乙公司以一台机器设备进行投资，该机器设备原值为 250 000 元，已计提折旧 60 000 元，双方经协商确认的价值为 190 000 元。编制会计分录如下：

借：固定资产——××机器设备　　190 000
　贷：实收资本——乙公司　　190 000

2）接受材料物资投资

【例 9—4】信达公司收到甲公司作为资本投入的一批甲材料，合同约定该批材料的价值为 500 000 元，增值税为 80 000 元。甲公司已开具了增值税专用发票。假设合同约定的价值与公允价值相符。编制会计分录如下：

借：原材料——甲材料　　500 000
　应交税费——应交增值税（进项税额）　　80 000
　贷：实收资本——甲公司　　580 000

3）接受无形资产投资

【例 9—5】信达公司接受丙公司以一项专利技术投资，双方经协商确认的价值为 450 000 元。编制会计分录如下：

借：无形资产　　450 000
　贷：实收资本——丙公司　　450 000

知识链接

以无形资产进行投资，其投资额度按我国现行财务制度规定，不得超过企业注册资本的 20%；情况特殊需要超过 20%，应当经有关部门审查批准，但最高不超过 30%。

2. 实收资本增减变动的核算

（1）企业增资的核算

企业增加资本的一般途径：

1）将资本公积转为实收资本或股本。

2）将盈余公积转为实收资本或股本。

3）所有者投入。

【例 9—6】信达公司将资本公积 400 000 元转增资本，已知该公司注册资本为 1 000 000 元，甲、乙、丙持股比例分别为 50%、30% 和 20%。编制会计分录如下：

借：资本公积　　400 000
　贷：实收资本——甲企业　　200 000
　　实收资本——乙公司　　120 000
　　实收资本——丙　　80 000

【例 9—7】信达公司将盈余公积 150 000 元转增资本，已知该公司注册资本为 1 000 000 元，甲、乙、丙持股比例分别为 50%、30% 和 20%。编制会计分录如下：

借：盈余公积　　150 000
　贷：实收资本——甲企业　　75 000
　　实收资本——乙公司　　45 000
　　实收资本——丙　　30 000

【例 9—8】信达公司由甲、乙、丙共同出资设立，注册资本为 6 000 000 元，各方持股比例一样。为扩大经营规模，准备吸纳新投资者丁加入，经各方协商一致决定，丁出资 2 400 000 元，其中 2 000 000 元用于增加注册资本，增资后四位投资者所占份额相等。编制会计分录如下：

借：银行存款　　2 400 000
　贷：实收资本——丁　　2 000 000
　　资本公积——资本溢价　　400 000

（2）企业减资的核算

企业减少实收资本应按法定程序报经批准。企业实收资本减少的原因大体有两种，一是资本过剩，二是企业发生重大亏损而需要减少实收资本。

企业因资本过剩而减少实收资本，企业一般应按法定程序报经批准将投资款返还给投资者，按实际返还的投资数额，借记“实收资本”账户，贷记“银行存款”等账户。

第三节 资本公积

一、资本公积的概念

资本公积是指企业收到投资者投入的超出其在注册资本中所占份额的投资，以及直接计入所有者权益的利得和损失。

资本公积是由投资者投入但不构成实收资本，由所有者享有的资金，它属于所有者权益的范畴。资本公积由全体投资人享有，在转增资本时，按各个股东在实收资本中所占的投资比例计算的金额，分别转增各个股东的投资金额。

二、资本公积的用途

资本公积的主要用途就是转增资本。

资本公积转增资本时应经董事会（或股东大会）以及类似机构决议，同意后方可进行。需要注意的是，由于资本公积属于所有者权益，用其转增资本时，如果是独资企业，比较简单，直接结转即可。如果是股份有限公司或有限责任公司，应该按照原投资者各出资比例相应增加各投资者的出资额。

三、资本公积的核算

设置“资本公积”账户，并下设“资本溢价（或股本溢价）”明细账户进行核算。本账户贷方登记资本公积增加数，反映各项资本公积的来源；借方登记资本公积减少数，反映按规定用途转出的资本公积；期末余额在贷方，反映资本公积的实有数。

1. 资本溢价（或股本溢价）的核算

企业收到投资者的出资，借记“银行存款”“其他应收款”“固定资产”“无形资产”等账户，按照其在注册资本中所占的份额，贷记“实收资本”账户，按照其差额，贷记“资本公积”账户。

【例 9—9】2018 年 1 月 1 日，A 企业作为有限责任公司成立，由甲、乙、丙三人共同出资，公司注册资本为 6 600 000 元，其中，甲、乙、丙的持股比例分别为 50%、30% 和 20%。2018 年 7 月 1 日，由于企业发展形势良好，为了扩大生产经营规模，投资者甲、乙、丙三人决定新增注册资本 800 000 元，且全部由丁投资者用现金资产投入，丁投资者实际出资 900 000 元。编制会计分录如下：

借：银行存款　　900 000

　　贷：实收资本——丁　　800 000

　　　　资本公积——资本溢价　　100 000

2. 资本公积转增资本的核算

根据有关规定用资本公积转增资本，借记“资本公积”账户，贷记“实收资本”账户。根据有关规定减少注册资本，借记“实收资本”“资本公积”等账户，贷记“库存现金”“银行存款”等账户。

【例 9—10】2017 年 1 月 1 日，B 企业作为有限责任公司成立，由甲、乙、丙三人共同出资，公司注册资本为 6 000 000 元，其中，甲、乙、丙的持股比例分别为 40%、30% 和 30%。2017 年 3 月 1 日，由于企业发展形势良好，为了扩大生产经营规模，当日，投资者甲、乙、丙三人决定按照原出资比例将资本公积 1 000 000 元转增资本。编制会计分录如下：

借：资本公积　　1 000 000

　　贷：实收资本——甲　　400 000

　　　　实收资本——乙　　300 000

　　　　实收资本——丙　　300 000

第四节　留存收益

留存收益是企业历年实现的净利润留存于企业的部分，它来源于企业的生产经营活动所实现的净利润，包括企业的盈余公积和未分配利润两部分。留存收益的目的是保证企业实现的净利润有一部分留存企业，而不是全部分配给投资者。这样，一方面可以满足企业维持或扩大再生产经营活动的资金需求，保持或提高企业持续获利能力；另一方面可以保证企业有足够的资金用于偿还债务，保证债权人的权益。

一、盈余公积

1. 盈余公积的概念

盈余公积是指企业从净利润中提取的积累资金。公司制企业的盈余公积包括法定盈余公积和任意盈余公积。

知识链接

> 法定公积金和任意公积金的区别在于各自计提的依据不同。法定公积金是以国家的法律或行政规章为依据提取的，一般按照当年税后利润的10%提取，当法定公积金累计达到注册资本的50%时，可不再提取。任意公积金则由股东会或者股东大会决议提取，提取的比例由企业自行确定。

2. 盈余公积的用途

企业提取盈余公积的主要作用有以下几个方面：

（1）弥补亏损

企业发生亏损时，应由企业自行弥补。弥补亏损的渠道主要有三种：一是用以后年度税前利润弥补。按照有关规定，税前利润弥补亏损的期间为5年。二是用以后年度税后利润弥补。企业发生的亏损经过5年期间未弥补足额的，尚未弥补的亏损应用所得税后的利润弥补。三是以盈余公积弥补亏损。企业以提取的盈余公积弥补亏损时，应当由公司董事会提议，并经股东会或股东大会批准。

（2）转增资本

企业经股东会或股东大会批准，可以按照股东原有持股比例用盈余公积转增资本。但是法定公积金转为资本时，所留存的法定公积金不得低于转增前公司注册资本的25%。

（3）扩大企业生产经营

盈余公积是企业所有者权益的重要组成部分，也是企业生产经营的重要资金来源。企业用盈余公积来扩大企业生产经营，不需要进行专门的账务处理。

3. 盈余公积的核算

设置“盈余公积”账户，并下设“法定盈余公积”和“任意盈余公积”明细账户进行明细核算。该账户贷方登记盈余公积增加数，反映盈余公积的来源，借方登记盈余公积减少数，反映按规定用途转出的盈余公积，期末余额在贷方，反映盈余公积的实有数。盈余公积的核算如图 9—1 所示。

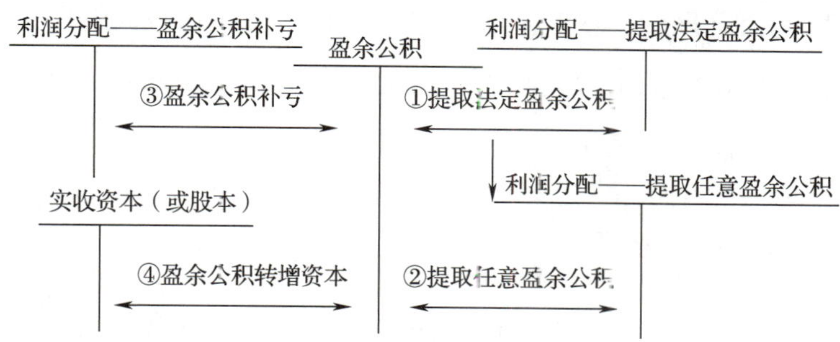

图 9—1　盈余公积的核算示意图

【例 9—11】2018 年度信达公司实现净利润 100 万元，经股东大会决议批准，按照 10% 的比例提取法定盈余公积，按照 5% 的比例提取任意盈余公积。编制会计分录如下：

借：利润分配——提取法定盈余公积　　100 000
　　利润分配——提取任意盈余公积　　50 000
　　贷：盈余公积——法定盈余公积　　100 000
　　　　盈余公积——任意盈余公积　　50 000

【例 9—12】信达公司以前年度累计未弥补亏损 10 万元，按照规定，已超过以税前利润弥补的期限。本年经公司股东大会批准，以法定盈余公积全额弥补以前年度亏损。信达公司已办理好了相关的手续。编制会计分录如下：

借：盈余公积——法定盈余公积　　100 000
　　贷：利润分配——盈余公积补亏　　100 000

【例 9—13】信达公司经股东大会决议批准，决定将法定盈余公积 10 万元转增资本。信达公司由甲、乙、丙三个股东出资组建，股权比例分别为 40%、40%、20%。信达公司已办理好了相关的手续。编制会计分录如下：

借：盈余公积——法定盈余公积　　100 000
　　贷：实收资本——甲　　40 000
　　　　实收资本——乙　　40 000
　　　　实收资本——丙　　20 000

二、未分配利润

1. 未分配利润的概念

未分配利润是企业留待以后年度进行分配的结存利润。未分配利润在以后年度可继续进行分配，在未进行分配之前，属于所有者权益的组成部分。相对于所有者权益的其他部分来说，企业对于未分配利润的使用有较大的自主权。从数量上看，未分配利润是期初未分配利润，加上本期实现的净利润，减去提取的各种盈余公积和分出利润后的余额。

2. 未分配利润的核算

设置“利润分配”账户，并下设“未分配利润”明细账户，核算企业利润的分配（或亏损的弥补）和历年分配（或弥补）后的余额。

（1）企业根据有关规定分配给投资者的利润，借记“利润分配——应付利润”账户，贷记“应付利润”账户。

（2）用盈余公积弥补亏损，借记“盈余公积”账户，贷记“利润分配——盈余公积补亏”账户。

（3）年度终了，企业应当将本年实现的净利润，自“本年利润”账户转入本账户，借记“本年利润”账户，贷记“利润分配——未分配利润”账户；若为净亏损，做相反的会计分录。同时，将“利润分配”账户所属明细账户（提取法定盈余公积、提取任意盈余公积、盈余公积补亏、应付利润）的余额，转入“未分配利润”明细账户。结转后，“利润分配”账户除“未分配利润”明细账户外，其他明细账户应无余额。“未分配利润”明细账户的贷方余额，就是未分配利润的数额；如出现借方余额，则表示未弥补亏损的数额。

【例 9—14】2018 年初信达公司未分配利润为 0，2018 年实现净利润 10 万元，本年提取法定盈余公积 1 万元，宣告发放现金股利 4 万元。信达公司已办理好了相关的手续。编制会计分录如下：

（1）结转本年利润

借：本年利润　　100 000

　　贷：利润分配——未分配利润　　100 000

（2）提取法定公积金、宣告发放现金股利

借：利润分配——提取法定盈余公积 10 000
　　利润分配——应付利润 40 000
　　贷：盈余公积——法定盈余公积 10 000
　　　　应付利润 40 000

同时：

借：利润分配——未分配利润 50 000
　　贷：利润分配——提取法定盈余公积 10 000
　　　　利润分配——应付利润 40 000

练习题

一、填空题

1. 所有者权益包括________、________和________。
2. 资本公积的主要用途是____________________。
3. 企业年末可供分配的利润为________和________之和。
4. 企业提取盈余公积的主要作用为________、________和________。

二、单选题

1. 下列选项中，能够引起所有者权益总额变化的是（　　）。

A. 以资本公积转增资本

B. 向股东支付已经宣告分派的现金股利

C. 增发新股

D. 以盈余公积弥补亏损

2. 资本公积的主要用途是（　　）。

A. 弥补亏损　　B. 转增资本

C. 分配股利　　D. 用于福利设施建设

3. 法定盈余公积累计额已达注册资本的（　　）时，可以不再提取。

A. 10%　　B. 20%　　C. 30%　　D. 50%

4. 下列事项中，会引起留存收益总额发生增减变动的是（　　）。

A. 资本公积转增资本　　B. 盈余公积转增资本

C. 盈余公积弥补亏损　　D. 税后利润弥补亏损

三、业务题

1. A 公司 2018 年年初未分配利润 100 000 元，当年实现净利润 800 000 元，该公司按 10% 提取法定盈余公积，按 5% 提取任意盈余公积，向投资者分配现金股利 60 000 元，A 公司已办理好了相关的手续。

要求：根据资料编制相关的会计分录。

2. 甲、乙各投资 50% 设立 B 公司。因扩大经营规模需要，经批准，B 公司分别按原出资比例将资本公积 40 000 元、盈余公积 30 000 元转增资本。

要求：根据资料编制相关的会计分录。

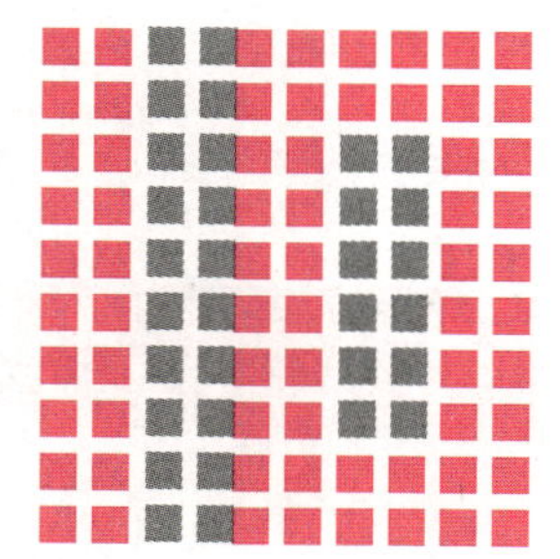

第十章
收入、费用、利润

学习目标

- 了解收入、费用的概念和特征
- 理解收入的内容和分类
- 掌握收入确认和核算方法
- 理解费用的确认与计量
- 掌握费用的内容和核算方法
- 理解利润的构成内容和利润形成的核算方法
- 掌握利润分配的内容、分配程序及核算方法

第一节 收 入

一、收入概述

1. 收入的概念

收入是指企业在日常活动中形成的、会导致所有者权益增加的、与所有者投入资本无关的经济利益的总流入。

2. 收入的特征

（1）收入是企业在日常活动中产生的，而不是从偶然的交易或事项中产生的。日常活动是指企业为完成其经营目标所从事的经常性以及与之相关的活动。收入不包括出售固定资产、出售无形资产、取得政府补助利得、营业外收入利得等。

（2）收入会导致企业所有者权益的增加。根据“资产－负债＝所有者权益”的会计等式，收入可能表现为导致企业资产的增加，如销售商品的收入引起银行存款或应收款项的增加；收入也可能表现为导致企业负债的减少，如以销售商品的收入抵偿债务（预收账款）；或二者兼而有之，所以收入一定能增加企业的所有者权益。

（3）收入只包括本企业的经济利益的总流入，不包括为第三方或客户代收的款项。

企业在销售商品过程中，有时会代第三方或客户收取一些款项，如企业代国家收取增值税，旅行社代客户购买门票、飞机票等收取的票款。这些代收款应作为暂收款记入相关的负债类账户，不作为企业的收入处理。另外企业销售商品代垫的运杂费应作为企业的应收账款反映。

（4）收入与所有者投入资本无关。所有者投入资本主要是为了谋求享有企业的剩余权益，由此形成的经济利益的总流入不构成收入，而应确认为企业所有者权益的组成部分。

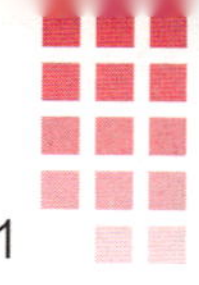

3. 收入的分类

（1）按照企业从事日常活动的性质不同，收入可分为销售商品收入、提供劳务收入和让渡资产使用权收入等。

销售商品收入是指企业通过销售商品实现的收入。商品是指企业为销售而生产的产品和为转售而购进的商品。

提供劳务收入是指企业通过提供劳务实现的收入。劳务的种类有很多，如咨询、加工、培训、安装、维修、运输等。

让渡资产使用权收入是指企业通过让渡资产使用权实现的收入，主要包括金融企业对外贷款所产生的利息收入和企业对外转让无形资产等资产的使用权产生的使用费收入。

（2）按照企业经营业务的重要性，收入分为主营业务收入和其他业务收入。

主营业务收入一般占企业总收入的比重较大，对企业的经济效益产生较大影响。不同行业的主营业务收入包括的内容也不相同，如工业企业的主营业务收入主要是通过销售产成品、提供工业性劳务取得的收入；商品流通企业的主营业务收入主要是销售商品取得的收入。

其他业务收入一般占企业总收入的比重较小，是指企业从事与经常活动相关的活动所产生的收入，主要包括工业企业的销售材料收入、转让技术收入、包装物出租收入等。

二、收入的确认条件

1. 销售商品收入的确认条件

销售商品收入同时满足下列条件的，才能予以确认：

（1）企业已将商品所有权上的主要风险和报酬转移给购货方。与商品所有权有关的风险，是指商品可能发生减值或毁损等形成的损失；与商品有关的报酬，是指商品价值增值或通过使用商品等形成的报酬。

（2）企业既没有保留通常与所有权相联系的继续管理权，也没有对已售出的商品实施有效的控制。

（3）收入的金额能够可靠地计量。这是指收入的金额能够合理地估计，它是确认收入的基本前提，如果销售商品涉及现金折扣、商业折扣、销售折让等因素，则还应考虑这些因素后再确定销售商品收入金额。如果销售商品附有售后退回条件的情况，企业不能合理地估计退货的可能性，就无法确定销售商品价格，也就不能合理地估计收入的金额，不应在发出商品时确认收入，而应当在售出商品退货期满、销售商品价格能够可靠计量时确认收入。

（4）相关的经济利益很可能流入企业。这是指销售商品价款——销售商品产生的经济利益收回的可能性大于不能收回的可能性，即销售商品价款收回的可能性超过 50%。

（5）相关的已发生或将发生的成本能够可靠地计量。收入的金额能够可靠地计量是确认收入的基本前提，同时，与收入相关的成本能否可靠地计量也是收入确认必不可少的条件。

销售商品要同时满足上述五个条件才能确认收入，缺少任何一个条件，就不能确认收入。此外，企业判断销售商品收入满足确认条件的，应当提供确凿的证据。通常情况下，转移商品所有权凭证或交付实物后，可以认为满足收入确认条件，应当确认销售商品收入。

2. 提供劳务收入的确认条件

劳务收入的确认条件为：

（1）在资产负债表日提供劳务交易的结果能够可靠估计的，应当采用完工百分比法确认提供劳务收入。提供劳务交易的结果能够可靠估计，是指同时满足下列条件才能确认劳务收入：

1）收入的金额能够可靠地计量。

2）相关的经济利益很可能流入企业。

3）交易的完工进度能够可靠地确定。

4）交易中已发生和将发生的成本能够可靠地计量。

（2）交易结果不能够可靠估计的，应当分别按下列情况处理：

1）已经发生的劳务成本预计能够得到补偿的，按照已经发生的劳务成本金额确认提供劳务收入，并按相同金额结转劳务成本。

2）已经发生的劳务成本预计不能够得到补偿的，应当将已经发生的劳务成本计入当期损益，不确认提供劳务收入。

3. 让渡资产使用权收入的确认条件

让渡资产使用权收入同时满足下列条件的，才能予以确认：

（1）相关的经济利益很可能流入企业。

（2）收入的金额能够可靠地计量。

三、主营业务收支的核算

1. 主营业务收支核算的账户设置

企业商品销售业务包括一般商品销售收入、委托代销商品、提供劳务收入等，主要涉及“主营业务收入”“主营业务成本”“发出商品”“税金及附加”“劳务成本”等账户。

“主营业务收入”账户核算企业确认的销售商品、提供劳务等主营业务的收入，贷方登记出售商品（产品）、提供劳务等确认的收入，借方登记发生的销售折让和销售退回而冲减的收入和期末结转至“本年利润”账户的主营业务收入，结转后该账户期末无余额。该账户可按主营业务的种类设置明细账，进行明细分类核算。

“主营业务成本”账户核算企业确认的销售商品、提供劳务等主营业务的成本，借方登记出售商品（产品）、提供劳务等实际成本，贷方登记销售退回而冲减的成本和期末结转至“本年利润”账户的主营业务成本，结转后该账户应无余额。该账户可按主营业务的种类设置明细账，进行明细分类核算。

“发出商品”账户核算企业未满足收入确认条件但已发出商品的成本（或售价），借方登记发出商品的成本（或售价），贷方登记发出商品满足收入确认条件时，结转销售成本和退回发出商品结转的成本（或售价），期末借方余额，反映企业发出商品的实际成本（或售价）。该账户可按购货单位、商品类别和品种进行明细核算。

“税金及附加”账户核算企业经营活动应负担的税金及附加，包括消费税、城市维护建设税、资源税、土地增值税和教育附加费等，借方登记按规定计算的与经营活动相关的税费，贷方登记期末转入“本年利润”账户的税金及附加，结转后该账户无余额。

“劳务成本”账户指企业对外提供劳务而发生的各项成本，核算企业进行生产发生的各项生产成本，包括生产各种产品（产成品、自制半成品等）、自制材料、自制工具、自制设备等，借方登记发生的各项劳务成本，贷方登记结转完成劳务的成本，账户期末借方余额反映企业尚未完成或尚未结转的劳务成本。该账户可按提供劳务种类进行明细核算。

2. 主营业务收支的核算方法

（1）一般销售商品业务

企业发生一般销售商品业务，在确认销售商品收入时，对于符合收入确认条件的企业应按已收或应收的合同或协议价款，加上应收的增值税税额，借记“银行存款”“应收账款”“应收票据”等账户，贷记“主营业务收入”“应交税费——应交增值税（销项税额）”等账户。对于不符合收入确认条件的，不能确认收入。

【例 10—1】信达公司为增值税一般纳税人，增值税率为 16%，2018 年 6 月 6 日，销售一批商品，增值税发票上注明售价 20 000 元，成本为 13 000 元，货款已收，已按合同发货。该项销售符合收入确认条件。编制会计分录如下：

（1）确认收入

借：银行存款　23 200

　　贷：主营业务收入　20 000

　　　　应交税费——应交增值税（销项税额）　3 200

（2）结转成本

借：主营业务成本　13 000

　　贷：库存商品　13 000

（2）以现金折扣、商业折扣和销售折让方式销售商品的业务

1）现金折扣。现金折扣是指债权人为鼓励债务人在规定的期限内付款而向债务人提供的债务扣除。

2）商业折扣。商业折扣是指企业为扩大销售而给予客户的价格扣除。企业销售商品涉及商业折扣的，应当按照扣除商业折扣后的金额确定销售商品收入金额。

由于现金折扣和商业折扣内容在第三章中已做讲解，本节不再详述。

3）销售折让。销售折让是指企业因售出商品的质量、规格等不符合要求等原因而在售价上给予的减让。

对于销售折让，企业应分不同情况进行处理：①销售折让如发生在确认销售收入之前，则应在确认销售收入时直接按扣除销售折让后的金额确认；②销售折让如发生在确认销售收入之后，则应当在实际发生时冲减当期销售收入。

【例 10—2】信达公司在上月向丙公司销售一批商品，开具的增值税专用发票上注明售价 80 000 元，增值税 12 800 元。货到后丙公司发现商品质量有问题，经协商，信达公司从货款中折让 6 000 元。编制会计分录如下：

（1）实现销售

	借方	贷方
借：应收账款——丙公司	92 800	
贷：主营业务收入		80 000
应交税费——应交增值税（销项税额）		12 800

（2）发生销售折让

	借方	贷方
借：主营业务收入	6 000	
应交税费——应交增值税（销项税额）	960	
贷：应收账款——丙公司		6 960

（3）收到货款

	借方	贷方
借：银行存款	85 840	
贷：应收账款——丙公司		85 840

（3）销售退回的商品销售业务

销售退回，是指企业售出的商品由于质量、品种等不符合客户要求等原因而发生部分或全部的退货。

对于销售退回，企业应区分不同情况进行处理：

1）对于本年度没有确认收入的售出商品发生销售退回的，这时会计处理比较简单，企业应按已记入“发出商品”账户的商品成本金额，借记“库存商品”账户，贷记“发出商品”账户。

2）对于本年度已经确认收入的售出商品发生退回的，企业一般应在发生时冲减当期销售商品收入，同时冲减当期销售商品成本。

3）销售退回属于资产负债表日后事项的，适用《企业会计准则第29号——资产负债表日后事项》。

【例10—3】信达公司在2018年5月10日向丁公司销售一批商品，开出的增值税专用发票上注明的销售价格为65 000元，增值税为10 400元，该批商品成本为42 000元。丁公司在当年6月21日因该批商品有质量问题与信达公司协商后退回。假定信达公司已按规定开具了红字增值税专用发票。编制会计分录如下：

	借方	贷方
借：主营业务收入	65 000	
应交税费——应交增值税（销项税额）	10 400	
贷：应收账款——丁公司		75 400
借：库存商品	42 000	
贷：主营业务成本		42 000

（4）销售商品不符合收入确认条件的业务

如果销售过程中企业在发出商品时不符合收入确认条件，但销售该商品的纳税义务已经发生，例如，企业已经给购买方开具了增值税专用发票，则应确认应交的增值税销项税额，借记“应收账款”等账户，贷记“应交税费——应交增值税（销项税额）”账户。

【例 10—4】信达公司 2018 年 7 月采用委托收款方式向甲公司销售一批商品，开出的增值税专用发票上注明的销售价格为 53 000 元，增值税为 8 480 元，该批商品成本为 40 000 元。信达公司在发出商品后得知甲公司暂时发生资金困难，但双方已办妥托收手续。编制会计分录如下：

（1）发出商品

借：发出商品——甲公司	40 000	
贷：库存商品		40 000
借：应收账款——甲公司	8 480	
贷：应交税费——应交增值税（销项税额）		8 480

（2）假定甲公司渡过经营难关，并承诺近期付款

借：应收账款——甲公司	53 000	
贷：主营业务收入		53 000
借：主营业务成本	40 000	
贷：发出商品——甲公司		40 000

（5）委托代销商品

委托代销分为视同买断方式代销和收取手续费方式代销两种情况。

1）视同买断方式。视同买断方式是指由委托方和受托方签订协议，委托方按协议价收取所代销的货款，实际售价可由受托方自定，实际售价与协议价之间的差额归受托方所有的销售方式。

由于这种销售方式的本质是代销，所以委托方发出商品时，与商品所有权相关的主要风险和报酬尚未转移，不符合收入确认的条件，所以不能确认收入。

委托代销的商品，应在商品发出并交给受托单位后，按实际成本，借记“发出商品”账户，贷记“库存商品”账户。委托方收到代销单位报来的代销清单时，按应收金额，借记“应收账款”账户，按应确认的收入，贷记“主营业务收入”“其他业务收入”账户，按应交的增值税额，贷记“应交税费——应交增值税（销项税额）”账户；同时按代销商品的实际成本，借记“主营业务成本”“其他业务支出”账户，贷记“发出商品”账户。

知识链接

1. 如果委托方和受托方之间的协议明确标明，受托方在取得代销商品后，无论商品是否卖出、是否盈利，均与委托方无关，则双方之间的交易实质上是委托方直接销售商品给受托方，在符合销售商品确认条件时，委托方应确认相关销售收入。

2. 在委托代销方式下，受托方单位可以增设“受托代销商品”“受托代销商品款”等账户反映受托代销商品的销售情况。

【例 10—5】信达公司委托甲公司代销商品 100 件，协议价为 300 元 / 件，该商品成本为 200 元 / 件，甲公司实际销售时开具的增值税专用发票上注明售价 32 000 元，增值税 5 120 元。信达公司收到甲公司的代销清单时开具增值税专用发票，发票上注明售价 30 000 元，增值税 4 800 元。（两公司均为增值税一般纳税人，增值税税率均为 16%）

（1）信达公司应编制会计分录如下：

1）将商品交付甲公司

借：发出商品 20 000

　　贷：库存商品 20 000

2）收到代销清单

借：应收账款——甲公司 34 800

　　贷：主营业务收入 30 000

　　　　应交税费——应交增值税（销项税额） 4 800

借：主营业务成本 20 000

　　贷：发出商品 20 000

3）收到甲公司汇来的货款

借：银行存款 34 800

　　贷：应收账款——甲公司 34 800

（2）甲公司编制会计分录如下：

1）收到信达公司发来的商品

借：受托代销商品 30 000

　　贷：受托代销商品款 30 000

2）实际销售

借：银行存款　　37 120
　　贷：主营业务收入　　32 000
　　　　应交税费——应交增值税（销项税额）　　5 120

借：主营业务成本　　30 000
　　贷：受托代销商品　　30 000

借：受托代销商品款　　30 000
　　应交税费——应交增值税（进项税额）　　4 800
　　贷：应付账款——信达公司　　34 800

3）按照协议付款

借：应付账款——信达公司　　34 800
　　贷：银行存款　　34 800

2）收取手续费方式。收取手续费方式是指受托方根据所代销的商品数量向委托方收取手续费的销售方式。受托方按照委托方规定的价格销售商品，商品售出后将商品价款交付委托方，并只向委托方收取手续费。

在这种代销方式下，委托方在发出商品时不开具销售发票，也不满足收入确认的条件。委托方在收到代销清单时确认收入，同时受托方在商品销售后，按应收取的手续费确认收入。

【例 10—6】信达公司委托乙公司代销商品 1 000 件，该商品每件成本为 70 元，代销合同规定，乙公司应按照每件 90 元的价格销售给顾客。信达公司按售价的 10% 支付乙公司的手续费。乙公司实际销售时，即向购货方开出了一张增值税专用发票，发票上注明售价 90 000 元，增值税 14 400 元。信达公司收到乙公司交来的代销清单时，向乙公司开具了一张相同金额的增值税专用发票，并收到乙公司提供代销服务开具的增值税专用发票，注明价款为 9 000 元，增值税为 540 元。（信达公司、乙公司均为增值税一般纳税人）

（1）信达公司编制会计分录如下：

1）将商品交付乙公司

借：委托代销商品　　70 000
　　贷：库存商品　　70 000

2）收到代销清单

借：应收账款——乙公司　　104 400
　　贷：主营业务收入　　90 000
　　　　应交税费——应交增值税（销项税额）　　14 400

借：主营业务成本 70 000

贷：委托代销商品 70 000

代销手续费 =90 000×10%=9 000（元）

借：销售费用 9 000

应交税费——应交增值税（进项税额） 540

贷：应收账款——乙公司 9 540

3）收到乙公司汇来的货款 104 400-9 540=94 860（元）

借：银行存款 94 860

贷：应收账款——乙公司 94 860

（2）乙公司编制会计分录如下：

1）收到信达公司发来的商品

借：受托代销商品 90 000

贷：受托代销商品款 90 000

2）实际销售代销商品

借：银行存款 104 400

贷：受托代销商品 90 000

应交税费——应交增值税（销项税额） 14 400

3）收到信达公司开具的增值税专用发票

借：应交税费——应交增值税（进项税额） 14 400

贷：应付账款——信达公司 14 400

借：受托代销商品款 90 000

贷：应付账款——信达公司 90 000

4）支付货款并计算代销手续费

借：应付账款——信达公司 104 400

贷：其他业务收入 9 000

应交税费——应交增值税（销项税额） 540

银行存款 94 860

（6）提供劳务收入

提供一项劳务取得的总收入，一般按照企业与接受劳务方签订的合同或协议的金额确定。对符合收入确认条件的劳务收入，在核算时借记“应收账款”“银行存款”等账户，贷记“主营业务收入”“其他业务收入”等账户。同时，结转当期劳务成本，借记“主营业务成本”“其他业务成本”账户，贷记“劳务成本”等账户。

如果提供劳务的种类很多，根据劳务完成是否在同一会计年度，分下列情况进行确认和计量：

1）在同一会计年度内开始并完成的劳务，应在劳务完成时确认收入，确认的金额为合同或协议总金额，确认方法可参照商品销售收入的确认原则。

【例 10—7】2018 年 6 月，信达公司接受一项安装业务，为一次完成，合同总价款为 20 000 元，实际发生安装成本 16 500 元。假定信达公司为增值税一般纳税人，增值税税率为 10%，以安装为主营业务。编制会计分录如下：

（1）安装完成

借：银行存款　　22 000

　　贷：主营业务收入　　20 000

　　　　应交税费——应交增值税（销项税额）　　2 000

（2）结转劳务成本

借：主营业务成本　　16 500

　　贷：劳务成本　　16 500

2）如劳务的开始和完成不在一个会计年度，且在资产负债表日能对该项交易的结果做出可靠估计的，应按完工百分比法确认收入。收入和相关的费用应按以下公式计算：

本期确认的收入 = 劳务总收入 × 本期末劳务的完工程度 – 以前期间已确认的收入

本期确认的劳务成本 = 劳务总成本 × 本期末劳务的完工程度 – 以前期间已确认的劳务成本

劳务交易的完工程度的确认可以选用下列方法：

①已完工作的测量，由专业的测量师对已经提供的劳务进行测量。

②已经提供的劳务占应提供劳务总量的比例。

③已经发生的成本占估计总成本的比例。

【例 10—8】信达公司于 12 月 1 日接受一项安装期限为 4 个月、合同总价款为 500 000 元的安装业务，到年底已发生成本 60 000 元（假定是安装人员的薪酬和其他费用等），预收账款 150 000 元。估计还会发生成本 180 000 元。按实际发生的成本占总成本的比例确定完工程度。假定信达公司为增值税一般纳税人，以安装为主营业务。编制会计分录如下：

实际发生成本占估计总成本的比例 =60 000 ÷（60 000+180 000）× 100%

=25%

本年度确认提供的劳务收入 =500 000×25%−0=125 000（元）

本年度结转劳务成本 =（60 000+180 000）×25%−0=60 000（元）

（1）实际发生成本

借：劳务成本　　60 000

　　贷：应付职工薪酬　　60 000

（2）预收账款

借：银行存款　　150 000

　　贷：预收账款　　150 000

（3）12 月 31 日确认收入

借：预收账款　　125 000

　　贷：主营业务收入　　125 000

（4）12 月 31 日结转成本

借：主营业务成本　　60 000

　　贷：劳务成本　　60 000

知识链接

以上所述销售业务是一般纳税人的核算，如果是小规模纳税企业发生的销售，需要按销售额的一定比例（3%）缴纳增值税，不得进行抵扣。计算应纳增值税公式如下：应纳增值税 = 含税货款 ÷（1+3%）×3%

四、其他业务收支的核算

1. 其他业务收支核算的账户设置

企业从事与经常活动相关的活动所产生的收入，主要包括工业企业的销售材料收入、转让技术收入、包装物出租收入等作为其他业务收入处理，结转的相关成本作为其他业务成本处理。其业务处理方法比照商品销售账务处理。一般通过“其他业务收入”“其他业务成本”账户来核算。

其他业务收入是指企业除主营业务以外的其他经营活动实现的收入。“其他业务收入”账户贷方登记企业形成的各项其他业务收入，借方登记期末结转至“本年利润”账户的其他业务收入，结转后该账户应无余额。该账户可按其他业务收入的种类设置明细账，进行明细分类核算。

其他业务成本是指企业从事与经常活动相关的活动所产生的成本。“其他业务成本”账户借方登记企业结转或发生的其他业务成本，贷方登记期末结转至“本年利润”账户的其他业务成本，结转后该账户应无余额。该账户可按其他业务成本的种类设置明细账，进行明细分类核算。

2. 其他业务收支的核算方法

企业取得其他业务收入时，借记“银行存款”“应收账款”等账户，贷记“其他业务收入”“应交税费”等账户。支付或者结转其他经营业务的成本、费用时，借记“其他业务成本”账户，贷记“原材料”“累计折旧”等账户。

【例 10—9】2018 年 6 月，信达公司因产品更新换代销售一批不需要的材料，售价为 20 000 元，适用的增值税税率为 16%，公司已收到购货单位签发的商业承兑汇票。该批原材料的成本为 11 000 元。编制会计分录如下：

（1）取得收入

借：应收票据　　23 200

　　贷：其他业务收入　　20 000

　　　　应交税费——应交增值税（销项税额）　　3 200

（2）结转已销售材料成本

借：其他业务成本　　11 000

　　贷：原材料　　11 000

第二节　费　　用

一、费用概述

1. 费用的概念

费用是指企业在日常经营活动中发生的、会导致所有者权益减少的、与向所有者分配利润无关的经济利益的总流出。

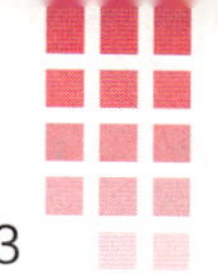

2. 费用的特点

（1）费用是企业在日常经营活动中发生的。

（2）费用会减少企业的所有者权益。费用导致企业资产减少或者负债增加，最终会导致减少企业的所有者权益。

（3）费用是与向所有者分配利润无关的经济利益的总流出。

3. 费用的分类

费用按经济用途分类，分为产品生产费用（计入产品成本或劳务成本的费用）和期间费用。

（1）产品生产费用

产品生产费用是指计入产品成本或劳务成本的费用，包括直接材料、直接人工和制造费用。

直接材料是指企业在生产产品和提供劳务过程中所消耗的直接用于产品生产并构成产品实体的原料、主要材料、外购半成品以及有助于产品形成的辅助材料和其他直接材料。在生产过程中，直接材料的价值一次全部转移到新生产的产品中去，构成了产品成本的重要组成部分。

直接人工是指企业在生产产品和提供劳务过程中，直接从事产品生产的工人的工资、津贴、补贴、福利费以及社会保险等。

制造费用是指企业各生产单位为组织和管理生产而发生的各项间接费用。

（2）期间费用

期间费用是指企业本期发生的、不能直接或间接归入营业成本，而是直接计入当期损益的各项费用，包括销售费用、管理费用和财务费用。

二、期间费用的核算

1. 管理费用

管理费用指企业为组织和管理生产经营活动而发生的其他费用，包括企业在筹建期间内发生的开办费、董事会和行政管理部门在企业经营管理中发生的或者应由企业统一负担的公司经费（包括行政管理部门职工工资及福利费、物料消耗、低值易耗品摊销、办公费和差旅费等）、工会经费、折旧费、修理费、水电费、咨询费、董事会费、聘请中介机构经费、诉讼费、业务招待费、财产保险费、技术转让费、无形资产摊销、矿产资源补偿费、研究费用、排污费及相关长期待摊费用摊销等。

为了核算企业为组织和管理生产经营活动而发生的管理费用，企业应设置“管理费用”账户。该账户借方登记企业发生的各项费用，贷方登记企业转入“本年利润”账户的管理费用，结转后期末无余额。该账户按管理费用项目设置明细账户，进行明细核算。

【例 10—10】信达公司筹建期间发生办公费、差旅费、注册费等开办费 23 000 元，以银行存款支付。编制会计分录如下：

借：管理费用——开办费　　23 000

　　贷：银行存款　　23 000

2. 销售费用

销售费用指企业在销售商品或提供劳务的过程中发生的各项费用，具体包括运输费、包装费、装卸费、保险费、展览费、广告费、委托代销手续费、商品维修费、预计产品质保损失等，以及为销售本企业商品而专设的销售机构（含销售网点、售后服务网点等）的职工薪酬、业务费、折旧费、固定资产修理费用等后续支出的经营费用。企业发生的与专设销售机构相关的固定资产日常修理费用等后续支出也属于销售费用。

为了核算企业在销售商品过程中发生的各项费用，企业应设置“销售费用”账户。该账户借方登记企业发生的各项费用，贷方登记企业转入“本年利润”账户的销售费用，结转后期末无余额。该账户按销售费用项目设置明细账户，进行明细核算。

【例 10—11】2018 年 5 月，信达公司发生销售部办公设备折旧费 8 000 元；支付新产品的广告费 40 000 元，取得增值税专用发票，增值税为 2 400 元，用银行存款支付。编制会计分录如下：

借：销售费用——广告费　　40 000

　　应交税费——应交增值税（进项税额）　　2 400

　　贷：银行存款　　42 400

借：销售费用——折旧费　　8 000

　　贷：累计折旧　　8 000

3. 财务费用

财务费用是指企业为筹集生产经营所需资金而发生的筹资费用，包括利息支出（减利息收入）、汇兑损益以及相关的手续费、企业发生的现金折扣等。

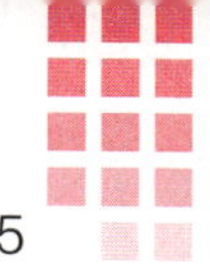

为了核算企业在筹集生产经营所需资金而发生的各项费用，企业应设置“财务费用”账户。该账户借方登记企业发生的财务费用，贷方登记企业转入“本年利润”账户的财务费用以及利息收入、汇总收益等，结转后期末无余额。该账户按财务费用项目设置明细账户，进行明细核算。

【例 10—12】2018 年 8 月，信达公司接到银行通知，本期银行存款利息为 600 元，并拿回存款利息清单。编制会计分录如下：

借：银行存款　　600

　　贷：财务费用——利息支出　　600

第三节 利　　润

一、利润概述

1. 利润的概念

利润是指企业在一定会计期间的经营成果。利润包括收入减去费用后的净额、直接计入当期利润的利得和损失等。

2. 利润的构成

根据对外报告的利润表的编制要求，利润分为三个层次，即营业利润、利润总额和净利润。

（1）营业利润

营业利润是企业利润的主要来源，它由营业收入、营业成本、税金及附加、销售费用、管理费用、财务费用、信用减值损失、资产减值损失、公允价值变动损益、投资损益、其他收益、资产处置损益等项目构成。其计算公式如下：

营业利润 = 营业收入 − 营业成本 − 税金及附加 − 销售费用 − 管理费用 − 财务费用 − 信用减值损失 − 资产减值损失 + 公允价值变动收益（− 公允价值变动损失）+ 投资收益（− 投资损失）+ 其他收益 + 资产处置收益（− 资产处置损失）

其中，营业收入是指企业经营主要业务和其他业务所确认的收入总额，包括主营业务收入和其他业务收入。

营业成本是指企业经营主要业务和其他业务发生的实际成本总额，包括主营业务成本和其他业务成本。

税金及附加是指企业经营业务应负担的消费税、城市维护建设税、资源税、土地增值税和教育费附加等。

资产减值损失是指企业计提各项资产减值准备所形成的损失。

公允价值变动收益（或损失）是指企业交易性金融资产等公允价值变动形成的应计入当期损益的利得（或损失）。

投资收益（或损失）是指企业以各种方式对外投资所取得的收益（或发生的损失）。

其他收益是指与企业的日常活动相关，除冲减相关成本费用以外的政府补助。

（2）利润总额

利润总额计算公式如下：

利润总额 = 营业利润 + 营业外收入 – 营业外支出

其中，营业外收入是指企业发生的与其日常经营活动没有直接关系的各项利得，主要包括非流动资产处置利得、非货币性资产交换利得、债务重组利得、捐赠利得、盘盈利得、罚没利得、政府捐助等。

营业外支出是指企业发生的与其日常经营活动没有直接关系的各项损失，主要包括非流动资产处置损失、非货币性资产交换损失、债务重组损失、公益性捐赠支出、盘亏损失、非常损失等。

（3）净利润

净利润计算公式如下：

净利润 = 利润总额 – 所得税费用

二、营业外收入和营业外支出的核算

1. 营业外收入的核算

企业发生与其生产经营活动无直接关系的各项收入，应通过“营业外收入”账户核算。该账户贷方登记企业确认的各项营业外收入，借方登记期末结转转入本年利润的营业外收入，结转后账户期末应无余额。该账户按照营业外收入的项目进行明细核算。

企业确认营业外收入，借记“固定资产清理”“银行存款”“待处理财产损溢”“应付账款”等账户，贷记“营业外收入”账户。期末应将“营业外收入”账户余额转入“本年利润”账户，借记“营业外收入”账户，贷记“本年利润”账户。

【例 10—13】信达公司出售固定资产报废的净收益 10 000 元，清理完毕后转为营业外收入。编制会计分录如下：

借：固定资产清理　　10 000

　　贷：营业外收入　　10 000

2. 营业外支出的核算

“营业外支出”账户核算企业发生的营业外支出。该账户借方登记本期企业确认的各项营业外支出，贷方登记期末结转转入本年利润的营业外支出，结转后账户期末应无余额。该账户按照营业外支出的项目进行明细核算。

企业确认营业外支出，借记“营业外支出”账户，贷记“固定资产清理”“现金”“银行存款”“待处理财产损溢”等账户。期末应将“营业外支出”账户余额转入“本年利润”账户，借记“本年利润”账户，贷记“营业外支出”账户。

【例 10—14】信达公司 5 月份处理一项固定资产，发生的净损失为 8 000 元，清理完毕后转入营业外支出。编制会计分录如下：

借：营业外支出　　8 000

　　贷：固定资产清理　　8 000

三、所得税费用的核算

企业所得税是对企业经营所得额和其他所得额征收的一种直接税，全部所得税费用（或收益）应当包括递延所得税资产和递延所得税负债。其公式如下：

所得税费用 = 当期所得税 + 递延所得税（费用）

当期所得税 = 应纳税所得额 × 企业所得税税率

应纳税所得额 = 税前会计利润 + 纳税调整增加项 − 纳税调整减少项

纳税调整增加项主要包括税法规定允许扣除项目中，企业已计入当期费用但超过税法规定扣除标准的金额（如超过税法规定标准的业务招待费、公益性捐赠支出、广告费和业务宣传费等），以及企业已计入当期损失但税法规定不允许扣除项目的金额（如税收滞纳金、罚款、罚金）。

纳税调整减少项主要包括按税法规定允许弥补的亏损和准予免税的项目，如国债利息收入、前五年内的未弥补亏损等。

有关所得税的核算详见所得税会计的相关内容，在这里我们主要讲解当期（即一个会计年度）所得税的计算和会计处理。

【例 10—15】信达公司 2018 年度按企业会计准则计算的税前会计利润（利润总额）为 1 300 000 元，所得税税率为 25%。经检查当年有 30 000 元收入为购买国债的利息收入，有 8 000 元税收罚款列入营业外支出，有 40 000 元业务招待费用超过税前列支限额标准，2017 年度经税务局核准的未弥补亏损 500 000 元。假定信达公司全年无其他纳税调整因素。编制会计分录如下：

（1）计算应纳税所得额

应纳税所得额 =1 300 000+8 000+40 000-（500 000+30 000）=818 000（元）

（2）计算应纳所得税额

应纳所得税额 =818 000×25%=204 500（元）

借：所得税费用　　204 500

　　贷：应交税费——应交所得税　　204 500

（3）交纳所得税

借：应交税费——应交所得税　　204 500

　　贷：银行存款　　204 500

（4）年终结转

借：本年利润　　204 500

　　贷：所得税费用　　204 500

（5）当年净利润 =1 300 000-204 500=1 095 500（元）

四、利润的核算及利润分配

1. 本年利润的核算

为进行利润形成和利润分配的核算，企业应设置“本年利润”和“利润分配”账户。

本年利润账户是一个汇总类账户，用来核算当期实现的净利润（或发生的净亏损）。其贷方登记企业当期所实现的各项收入，借方登记企业当期所发生的各项费用与支出，借贷方发生额相抵减后，若为贷方余额则表示企业本期经营活动实现的净利润，若为借方余额则表示企业本期发生的亏损。

【例 10—16】信达公司 1—8 月份累计实现净利润 1 800 000 元，9 月末各损益类账户结转前余额见表 10—1：

表 10—1　　损益类账户结转前余额表　　单位：元

账户名称	结转前余额	方向	账户名称	结转前余额	方向
主营业务收入	1 200 000	贷	其他业务收入	50 000	贷
营业外收入	30 000	贷	投资收益	20 000	贷
主营业务成本	730 000	借	税金及附加	120 000	借
其他业务成本	30 000	借	销售费用	24 000	借
管理费用	98 000	借	营业外支出	11 000	借
财务费用	20 000	借	所得税费用	67 000	借

编制会计分录如下：

（1）结转各收益类账户余额

借：主营业务收入　　1 200 000
　　其他业务收入　　50 000
　　营业外收入　　30 000
　　投资收益　　20 000
　　贷：本年利润　　1 300 000

（2）结转各成本费用类账户余额

借：本年利润　　1 100 000
　　贷：主营业务成本　　730 000
　　　　其他业务成本　　30 000
　　　　税金及附加　　120 000
　　　　销售费用　　24 000
　　　　管理费用　　98 000
　　　　财务费用　　20 000
　　　　营业外支出　　11 000
　　　　所得税费用　　67 000

本期营业利润 =（1 200 000+50 000）–（730 000+30 000）–120 000–24 000–98 000–20 000+20 000
=248 000（元）

（3）计算本期利润总额和净利润

本期利润总额 =248 000+30 000–11 000=267 000（元）

本期净利润 =267 000–67 000=200 000（元）

（4）计算 1—9 月份累计净利润

信达公司 1—9 月份累计实现净利润 =1 800 000+200 000
=2 000 000（元）

知识链接

账务结账方法

1. 账结法。账结法是指在每个会计期间通过编制转账凭证，将损益类账户余额转入本年利润账户，损益类账户月末无余额，资产负债表上本年利润账户填列的是实际余额。

2. 表结法。表结法是指在1—11月份，各损益类账户的余额在账务处理上暂不结转到本年利润账户，而是在损益表中按收入、支出结出净利润，然后将净利润在资产负债表中的未分配利润行中列示，到12月份年终结算时，再将各损益类账户的余额结转到本年利润账户，结转后各损益类账户的余额为零。

2. 利润分配的核算

（1）净利润分配的顺序

利润分配是指将企业实现的净利润不是全部直接分配给投资者，而是按规定的顺序进行分配。企业当期实现的净利润，首先要先弥补以前年度尚未弥补的亏损，然后按照下列顺序进行分配：

1）提取法定盈余公积。公司制企业按照税后利润10%的比例提取，非公司制企业也可按照超过10%的比例提取。计算提取基数时不包括企业年初未分配利润。法定盈余公积累计提取额为公司注册资本的50%以上时可不再提取。

2）提取任意盈余公积。企业提取法定盈余公积后，还可依据需要和可能，提取一定比例的任意盈余公积。

3）向投资者分配利润或股利。企业实现的净利润在弥补亏损和扣除上述项目后，再加上期末未分配利润，即构成可供投资者分配的利润。

（2）利润分配的核算

利润分配时企业要设置“利润分配”账户，该账户借方登记提取的法定盈余公积和任意盈余公积、分配的股利或利润，以及年末转入的全年发生的亏损；贷方登记年末转入的全年实现的利润、用盈余公积弥补的亏损。该账户期末借方余额表示尚未弥补的亏损，贷方余额表示可供投资者分配的利润。该账户应设置“提取法定盈余公积”“提取任意盈余公积”“应付现金股利或利润”“未分配利润”

等明细账户，进行明细核算。

【例 10—17】信达公司 2018 年年初未分配利润为 4 100 000 元，2018 全年实现净利润 3 000 000 元，按 10% 提取法定盈余公积，按 20% 提取任意盈余公积，向投资者分配利润 1 500 000 元。编制会计分录如下：

（1）结转 2018 实现的净利润

借：本年利润　　3 000 000

　　贷：利润分配——未分配利润　　3 000 000

（2）提取盈余公积

提取法定盈余公积 =3 000 000×10%=300 000（元）

提取任意盈余公积 =3 000 000×20%=600 000（元）

借：利润分配——提取法定盈余公积　　300 000

　　利润分配——提取任意盈余公积　　600 000

　　贷：盈余公积——提取法定盈余公积　　300 000

　　　　盈余公积——提取任意盈余公积　　600 000

（3）向投资者分配利润或股利

借：利润分配——应付利润或现金股利　　1 500 000

　　贷：应付利润（或应付股利）　　1 500 000

（4）结转利润分配的明细账户，转入未分配利润明细账户

借：利润分配——未分配利润　　2 400 000

　　贷：利润分配——提取法定盈余公积　　300 000

　　　　利润分配——提取任意盈余公积　　600 000

　　　　利润分配——应付利润或现金股利　　1 500 000

信达公司当年未分配利润 =3 000 000-2 400 000=600 000（元）

信达公司年末累计未分配利润 =4 100 000+600 000=4 700 000（元）

企业净利润年终结转后，“本年利润”和“利润分配”账户的各明细账户除了未分配利润外余额均是零。

练习题

一、填空题

1. 收入按企业从事日常经营活动的性质不同可分为________、________和________等。

2. 销售退回是指企业售出的商品由于________等原因而发生部分或全部的退货。

3. 费用按经济用途分类，分为________（计入产品成本或劳务成本的费用）和________。

4. 利润是指企业在________的________经营成果。利润包括________收入减去________费用后的净额、直接计入当期利润的利得和损失等。

二、单选题

1. 2017 年 4 月 12 日，甲公司与客户签订一项工程劳务合同，合同期为一年，合同收入总额为 1 000 万元，预计合同总成本为 810 万元，至 2017 年 12 月 31 日，该公司实际发生总成本为 542 万元，但提供的劳务交易结果不能可靠估计，估计只能从工程款中收回成本 740 万元，2017 年度该公司应确认的劳务收入为（　　）万元。

A. 542　　B. 810　　C. 190　　D. 740

2. 下列选项中，关于收入确认的表述，不正确的是（　　）。

A. 已确认收入的商品发生销售退回，除属于资产负债表日后事项外，一般应在发生时冲减当期销售收入

B. 采用预收款方式销售商品，应在款项全部收妥并发出商品时确认收入

C. 采用托收承付方式销售商品，应在发出商品时确认收入

D. 销售折让发生在收入确认之前，销售收入应按扣除销售折让后的金额确认

3. 下列选项中，不应记入“销售费用”账户中的是（　　）。

A. 所售商品促销费用　　B. 销售部门打印机的维修费用

C. 已售商品预计保修费用　　D. 购入存货过程中发生的运输费用

4. 下列选项中，不应记入“财务费用”账户的是（　　）。

A. 银行承兑汇票的手续费

B. 公司筹建期间发生的长期借款利息

C. 销售商品的现金折扣

D. 计提的短期借款利息

5. 转增资本后所剩的盈余公积不得低于转增资本前注册资本的（　　）。

A. 50%　　B. 30%　　C. 25%　　D. 20%

6. 下列选项中，公司按税法规定缴纳的税金不应记入“管理费用”账户核算的是（　　）。

A. 公司应交的印花税
B. 进口商品交纳的关税
C. 公司应交纳的排污费
D. 公司应交纳的诉讼费

7. 构成产品成本的各项耗费是指企业的（ ）。

A. 管理费用
B. 期间费用
C. 生产费用
D. 生产费用和期间费用

8. 下列原材料相关损失项目中，应计入营业外支出的是（ ）。

A. 自然灾害造成的原材料净损失
B. 原材料运输途中发生的合理损耗
C. 计量差错引起的盘亏
D. 人为责任造成的原材料损失

9. 下列不属于收入范围的是（ ）。

A. 提供劳务收入
B. 材料销售收入
C. 商品销售收入
D. 处置固定资产的净收益

10. 下列选项中，（ ）不属于企业主营业务收入。

A. 商业企业销售商品实现的收入
B. 咨询公司提供咨询服务实现的收入
C. 安装公司提供安装服务实现的收入
D. 工业企业销售材料实现的收入

三、业务题

1. 甲公司为增值税一般纳税人，增值税税率为16%，现金折扣的条件是“2/10，1/20，n/30”，假定计算现金折扣时不考虑增值税。

（1）2018年5月1日，赊销商品300件，单件售价200元，单件成本140元。编制销售该产品的会计分录，并结转成本。

（2）5月6日，因质量问题，购买方要求退货100件，甲公司表示同意，开具了增值税专用发票（红字），并收到所退商品。编制相关会计分录。

（3）如果购买方在5月9日支付货款，编制甲公司收到货款的会计分录。

（4）如果购买方在5月28日支付货款，编制甲公司收到货款的会计分录。

2. 甲公司2018年度实现净利润243 000元。根据要求编制会计分录。

（1）结转本年利润。

（2）按照净利润的10%提取法定盈余公积。

（3）企业决定向投资者发放现金股利100 000元。

（4）将利润分配的其他明细账户金额转入“利润分配——未分配利润”账户。

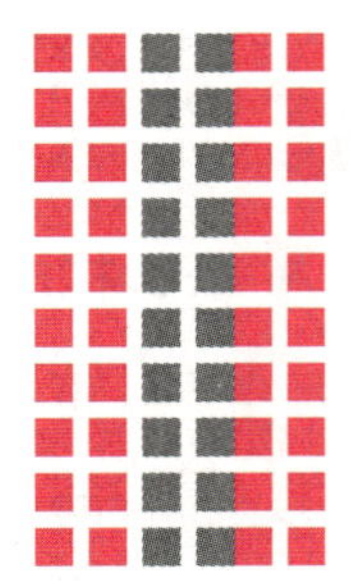

第十一章 财务会计报告

学习目标

- 了解财务会计报告的构成以及会计报表的编制要求
- 掌握资产负债表的编制方法
- 掌握利润表的编制方法
- 了解现金流量表的作用和格式
- 了解所有者权益变动表的内容和结构
- 了解财务报表附注的作用和主要内容

第一节 财务会计报告概述

编制财务会计报告是企业会计核算的组成部分，是企业对外信息披露的一种重要手段。会计作为一项企业的经济管理活动，主要是通过财务会计报告来向信息使用者提供决策信息的。财务会计报告的使用者通常包括投资者、债权人、政府以及相关部门和社会公众等。

一、财务会计报告的概念

财务会计报告是指企业对外提供的反映企业某一特定日期的财务状况和某一会计期间的经营成果、现金流量等会计信息的文件。

二、财务会计报告的构成

财务会计报告是企业会计信息的主要载体，包括会计报表、会计报表附注和其他应当在财务会计报告中披露的相关信息和资料。

1. 会计报表

会计报表是财务会计报告的重要组成部分，它主要是根据账簿记录，按照编报的固定格式和项目口径编制。《企业会计准则》规定，一套完整的会计报表至少应当包括资产负债表、利润表、现金流量表、所有者权益（或股东权益）变动表和附注。企业的会计报表按照报表的编制时间、服务对象、编报主体等可分为不同的种类。

会计报表按照编制的时间，分为中期报表和年报。中期报表是指短于一年的会计期间编制的会计报表，如半年末报表、季报、月报。半年末报表是指每个会计年度的前 6 个月结束后对外提供的会计报表。季报是季度终了以后编制的报表，种类比年报少一些。月报是月终编制的会计报表，只包括一些主要的报表，如资产负债表、利润表等。年报是年度终了以后编制的，全面反映企业财务状况、经营成果及其分配、现金流量等方面的报表。

会计报表按其服务对象，分为对外报表和内部报表两大类。对外报表是企业必须定期向投资者、财税部门等以及按规定向社会公布的会计报表，如资产负债表、利润表、现金流量表和所有者权益变动表。这类报表一般有统一的报表格式和编制要求。内部报表是企业根据其内部经营管理的需要而编制的，为管理者进行决策提供信息的会计报表，这类报表无统一的格式和种类。

会计报表按编报的会计主体不同，分为个别报表和合并报表。个别报表是指在以母公司和子公司组成的具有控股关系的企业集团中，由母公司和子公司各自为主体分别单独编制的报表，用以分别反映母公司和子公司各自的财务状况和经营成果。合并报表是以母公司和子公司组成的企业集团为一会计主体，以母公司和子公司单独编制的个别财务报表为基础，由母公司编制的综合反映企业集团经营成果、财务状况及其资金变动情况的会计报表。

2. 财务报表附注

财务报表附注是财务会计报告不可或缺的重要组成部分，是对资产负债表、利润表、现金流量表和所有者权益变动表等报表中列示项目的文字描述或明细资料，以及对未能在这些报表中列示项目的说明等。它有利于增进会计信息的可理解性，提高会计信息可比性和突出重要的会计信息。

3. 其他

其他应当在财务会计报告中披露的相关信息和资料。

三、财务会计报告的作用

编制财务会计报告主要是为了满足投资者、债权人、政府以及相关部门和社会公众等对会计信息的需求，帮助他们对企业的财务状况和经营成果进行合理的评价，由此做出相关决策。财务会计报告的作用主要有以下几个方面：

1. 为企业的投资者、债权人进行决策提供依据

企业的投资者、债权人通过财务会计报告可以分析企业的财务状况、经营成果和现金流量，从而判断企业的获利能力和偿债能力，有助于投资者进行投资决策，债权人进行信贷决策或赊销决策。

2. 为企业的经营管理者提供必要的信息

通过财务会计报告，可以使经营管理者了解本企业经济活动状况及其取得的财务成果，利于企业进行对比分析，找出差距，提出改进的措施，不断总结经

验，改进经营管理工作，提高经济效益。企业的职工也可以通过会计报表提供的数据资料，更好地参与企业的经营管理活动。

3. 为国家进行经济宏观调控和管理提供依据

通过对会计报表的逐级汇总，便于国家掌握全国国民经济的发展状况，是国家经济管理部门制定宏观经济管理政策和经济决策的重要信息来源。

四、财务会计报告的编制要求

1. 内容完整

编制财务会计报告是企业会计核算工作的结果，要求提供完整的会计信息，才能满足相关会计信息使用者的需要。对于报表中规定的项目，必须全部完整填列，不得漏填和任意取舍。企业对外提供的财务会计报告，应当依次编定页码，加具封面，装订成册，加盖公章。单位负责人应当保证财务会计报告真实、完整。

知识链接

《会计法》第二十条规定："财务会计报告应当根据经过审核的会计账簿记录和有关资料编制，并符合本法和国家统一的会计制度的编制要求、提供对象和提供期限的规定；其他法律、行政法规另有规定的，从其规定。向不同的会计资料使用者提供的财务会计报告，其编制依据应当一致。"

《会计法》第二十一条规定："财务会计报告应当由单位负责人和主管会计工作的负责人、会计机构负责人（会计主管人员）签名并盖章；设置总会计师单位的，还须由总会计师签名并盖章。单位负责人应当保证财务会计报告真实、完整。"

2. 数字真实

财务会计报告的数字必须真实反映企业的经营情况，才能使会计信息使用者由此做出正确的决策；如果反映的会计信息不真实，会导致会计信息使用者做出错误的决策，从而造成经济损失。所以，数字真实是财务会计报告发挥作用的前提条件。

3. 计算准确

企业的投资者、债权人等会计信息使用者需要借助报表信息进行决策，财务会计报告必须根据有关资料正确分析其反映的经济内容，准确计算填列，避免出现差错。

4. 编报及时

财务会计报告提供的财务信息必须具有时效性，使会计信息使用者能及时了解企业的情况，做出正确决策。因此，企业必须在规定的时间报送各期的财务会计报告，不得拖延。

根据规定，月报应在月份终了后 6 日内报出，季报应在季度终了后 15 日内报出，半年报应在年度中期结束后 2 个月内报出，年报应在年度终了后 4 个月内报出。

第二节　资产负债表

一、资产负债表的概念

资产负债表是指反映企业在某一特定日期财务状况的报表。因为它反映的是某一时点的财务状况，所以，又称为静态报表。资产负债表主要由资产、负债和所有者权益三方面的内容构成，并满足“资产 = 负债 + 所有者权益”这一会计恒等式。

通过资产负债表，可以反映企业在某一特定日期拥有或控制的经济资源及分布情况，所承担的现时义务和所有者权益的总额及结构，帮助报表使用者了解企业的财务状况，分析企业的偿债能力，为其经济决策提供依据。

二、资产负债表的格式

资产负债表的格式主要有报告式和账户式两种。报告式是将资产、负债和所有者权益项目按纵向顺序排列。账户式分左右两方，左方为资产项目，右方为负债及所有者权益项目。

我国编制的资产负债表采用的是账户式。

三、资产负债表的结构

资产负债表由表首、正表和附注三个部分构成。其中表首概括地说明报表名称、编制单位、编制日期、报表编号、货币名称、计量单位等。正表是资产负债表的主体，列示了用以说明企业财务状况的各个项目。附注是说明报表的主要内容及编制基础等。

资产负债表分左右两方，左方为资产项目，按资产的流动性大小及变现能力的强弱顺序排列；流动性大、变现能力强的排在前面，流动性小、变现能力弱的排在后面。右方为负债及所有者权益项目，按求偿权先后顺序排列，负债较所有者权益具有优先求偿权，所以负债在先，所有者权益在后。见表 11—1。

表 11—1　　资产负债表　　会企 01 表

编制单位：　　20×× 年 ×× 月 ×× 日　　单位：元

资产	期末余额	年初余额	负债及所有者权益（或股东权益）	期末余额	年初余额
流动资产：			**流动负债：**		
货币资金			短期借款		
以公允价值计量且其变动计入当期损益的金融资产			以公允价值计量且其变动计入当期损益的金融资产		
衍生金融资产			衍生金融负债		
应收票据及应收账款			应付票据及应付账款		
预付款项			预收款项		
其他应收款			应付职工薪酬		
存货			应交税费		
持有待售资产			其他应付款		
一年内到期的非流动资产			持有待售负债		
其他流动资产			一年内到期的非流动负债		
流动资产合计			其他流动负债		
非流动资产：			**流动负债合计**		
可供出售金融资产			**非流动负债：**		
持有至到期投资			长期借款		
长期应收款			应付债券		
长期股权投资			其中：优先股		
投资性房地产			永续债		

续表

资产	期末余额	年初余额	负债及所有者权益（或股东权益）	期末余额	年初余额
固定资产			长期应付款		
在建工程			预计负债		
生产性生物资产			递延收益		
油气资产			递延所得税负债		
无形资产			其他非流动负债		
开发支出			**非流动负债合计**		
商誉			**负债合计**		
长期待摊费用			**所有者权益（或股东权益）：**		
递延所得税资产			实收资本（或股本）		
其他非流动资产			其他权益工具		
非流动资产合计			其中：优先股		
			永续债		
			资本公积		
			减：库存股		
			其他综合收益		
			盈余公积		
			未分配利润		
			所有者权益（或股东权益）合计		
资产总计			**负债和所有者权益总计**		

四、资产负债表的编制方法

资产负债表的各项目均需填列“年初余额”和“期末余额”两栏。

资产负债表“年初余额”栏内各项数字，应根据上年末资产负债表的“期末余额”栏内所列数字填列。

资产负债表各项目“期末余额”栏数据填列方法为：

1. 根据总账账户的余额直接填列

资产负债表中的有些项目，可直接根据有关总账账户的期末余额直接填列，如“短期借款”“应付职工薪酬”“应交税费”“实收资本”“资本公积”“盈余公积”等项目。

2. 根据若干总分类账户期末余额计算填列

（1）“货币资金”项目，应当根据“库存现金”“银行存款”“其他货币资金”三个总账账户的期末余额合计数填列。

（2）“存货”项目，应当根据“原材料”“库存商品”“委托加工物资”“周转材料”“材料采购”“在途物资”“发出商品”“材料成本差异”“生产成本”等总账账户期末借方余额合计数，减去“存货跌价准备”账户期末贷方余额后的金额填列。

（3）“未分配利润”项目，应当根据“本年利润”账户和“利润分配”账户的期末余额计算填列，如为未弥补亏损，则在本项目内以“-”号填列，年末结账后，“本年利润”账户已无余额，“未分配利润”项目应根据“利润分配”账户的年末余额直接填列，贷方余额以正数填列，如为借方余额，应以“-”号填列。

（4）“应收票据及应收账款”项目，应当根据“应收票据”和“应收账款”账户的期末余额，减去“坏账准备”账户相关坏账准备期末余额后的金额填列。

（5）“其他应收款”项目，应当根据“应收利息”“应收股利”和“其他应收款”账户的期末余额合计数，减去“坏账准备”账户中相关坏账准备期末余额后的金额填列。

（6）“其他应付款”项目，应当根据“应付利息”“应付股利”和“其他应付款”账户的期末余额合计数填列。

【例 11—1】信达公司采用计划成本法核算材料成本，2017 年 12 月 31 日结账后有关账户余额为：“材料采购”账户余额为 125 000 元（借方），“原材料”账户余额为 750 000 元（借方），“周转材料”账户余额为 85 000 元（借方），“库存商品”账户余额为 1 260 000 元（借方），“生产成本”账户余额为 980 000 元（借方），“材料成本差异”账户余额为 105 000 元（贷方），“存货跌价准备”账户余额为 183 000 元（贷方）。

信达公司 2017 年 12 月 31 日资产负债表中的“存货”项目金额为：

125 000+750 000+85 000+1 260 000+980 000−105 000−183 000

=2 912 000（元）

3. 根据有关明细账户的余额计算填列

（1）“预付账款”项目，应当根据“应付账款”和“预付账款”两个账户所属各明细账户的期末借方余额合计数，减去“坏账准备”账户中有关预付款项计提的坏账准备期末余额后的金额填列。

（2）“应付票据及应付账款”项目，应当根据“应付票据”账户的期末余额，以及“应付账款”和“预付账款”两个账户所属各明细账户的期末贷方余额合计数填列。

（3）“预收款项”项目，应当根据“预收账款”和“应收账款”两个账户所属各明细账户的期末贷方余额合计数填列。

【例 11—2】信达公司 2017 年 6 月 30 日结账后有关账户所属明细账户的借贷方余额见表 11—2。

表 11—2 信达公司结账后有关账户所属明细账户的借贷方余额 单位：元

总账账户	明细账户	借方金额	贷方金额
应收账款		780 000	
	甲公司	980 000	
	乙公司		200 000
预收账款			67 000
	丙公司		155 000
	丁公司	88 000	
预付账款		225 000	
	A 公司	350 000	
	B 公司		125 000
应付账款			519 000
	C 公司		564 000
	D 公司	45 000	

信达公司 2017 年 6 月 30 日资产负债表中相关项目的金额为：

“预收款项”项目金额为：200 000+155 000=355 000（元）

“预付款项”项目金额为：350 000+45 000=395 000（元）

“应付票据及应付账款”项目金额为：125 000+564 000=689 000（元）

4. 根据总账账户和明细账户的余额分析计算填列

“长期借款”项目，应当根据“长期借款”总账账户余额减去“长期借款”账户所属的明细账户中将在一年内到期的长期借款后的金额计算填列。

【例 11—3】信达公司长期借款情况见表 11—3。

表 11—3 信达公司长期借款情况

借款起始日期	借款期限（年）	金额（元）
2016 年 4 月 1 日	3	1 500 000
2015 年 6 月 1 日	5	2 000 000
2014 年 7 月 1 日	4	1 000 000

信达公司 2017 年 12 月 31 日资产负债表中“长期借款”项目金额为：1 500 000+2 000 000=3 500 000（元），而 1 000 000 元列入一年内到期的非流动资产中。

5. 根据有关账户余额减去其备抵账户余额后的净额填列

（1）“固定资产”项目，应当根据“固定资产”账户期末余额，减去“累计折旧”“固定资产减值准备”账户期末余额后的金额，以及“固定资产清理”账户的期末余额填列；“无形资产”项目，应当根据“无形资产”账户期末余额，减去“累计摊销”“无形资产减值准备”账户余额后的金额填列。

（2）“在建工程”项目，应当根据“在建工程”账户的期末余额，减去“在建工程减值准备”账户的期末余额后的金额，以及“工程物资”账户的期末余额，减去“工程物资减值准备”账户的期末余额后的金额填列。

【例 11—4】信达公司 2017 年 12 月 31 日的总账账户余额资料见表 11—4。

表 11—4 信达公司总账账户期末余额表

2017 年 12 月 31 日 单位：元

总账账户	借方余额	总账账户	贷方余额
库存现金	10 800	短期借款	500 000
银行存款	1 254 000	应付票据	350 000
其他货币资金	82 600	应付账款	542 000
应收票据	150 000	预收款项	16 300
应收账款	1 263 000	应付职工薪酬	693 700
预付账款	47 000	应交税费	48 700
其他应收款	62 300	其他应付款	89 210
在途物资	250 000	长期借款	3 500 000
原材料	783 000	应付债券	1 000 000
库存商品	956 200	实收资本	1 500 000

续表

总账账户	借方余额	总账账户	贷方余额
生产成本	745 800	资本公积	346 200
存货跌价准备	-86 520	盈余公积	860 000
固定资产	5 648 200	未分配利润	1 704 010
累计折旧	-2 653 100		
固定资产减值准备	-74 560		
在建工程	889 300		
无形资产	784 000		
累计摊销	-215 300		
长期待摊费用	1 253 400		
合计	11 150 120	合计	11 150 120

注：

①表中负数代表贷方余额。

②期末余额中“应收账款”所属明细账户借方余额合计数为 1 346 000 元，贷方余额合计数为 83 000 元。

③期末余额中“应付账款”所属明细账户贷方余额合计数为 658 000 元，借方余额合计数为 116 000 元。

④“长期借款”中将于一年内到期的为 1 500 000 元。

根据上述资料编制信达公司 2017 年 12 月 31 日的资产负债表，见表 11—5。

表 11—5　　资产负债表　　会企 01 表

编制单位：信达公司　　2017 年 12 月 31 日　　单位：元

资产	期末余额	年初余额	负债及所有者权益（或股东权益）	期末余额	年初余额
流动资产：			流动负债：		
货币资金	1 347 400		短期借款	500 000	
以公允价值计量且其变动计入当期损益的金融资产			以公允价值计量且其变动计入当期损益的金融资产		
衍生金融资产			衍生金融负债		
应收票据及应收账款	1 496 000		应付票据及应付账款	1 008 000	
预付款项	163 000		预收款项	99 300	
其他应收款	62 300		应付职工薪酬	693 700	
存货	2 648 480		应交税费	48 700	
持有待售资产			其他应付款	89 210	
一年内到期的非流动资产			持有待售负债		

续表

资产	期末余额	年初余额	负债及所有者权益（或股东权益）	期末余额	年初余额
其他流动资产			一年内到期的非流动负债	1 500 000	
流动资产合计	5 717 180		其他流动负债		
非流动资产：			**流动负债合计**	3 938 910	
可供出售金融资产			**非流动负债：**		
持有至到期投资			长期借款	2 000 000	
长期应收款			应付债券	1 000 000	
长期股权投资			其中：优先股		
投资性房地产			永续债		
固定资产	2 920 540		长期应付款		
在建工程	889 300		预计负债		
生产性生物资产			递延收益		
油气资产			递延所得税负债		
无形资产	568 700		其他非流动负债		
开发支出			**非流动负债合计**	3 000 000	
商誉			**负债合计**	6 938 910	
长期待摊费用	1 253 400		**所有者权益（或股东权益）：**		
递延所得税资产			实收资本（或股本）	1 500 000	
其他非流动资产			其他权益工具		
非流动资产合计	5 631 940		其中：优先股		
			永续债		
			资本公积	346 200	
			减：库存股		
			其他综合收益		
			盈余公积	860 000	
			未分配利润	1 704 010	
			所有者权益（或股东权益）合计	4 410 210	
资产总计	11 349 120		**负债和所有者权益总计**	11 349 120	

第三节 利 润 表

一、利润表的概念

利润表又称损益表、收益表，是指反映企业在一定会计期间的经营成果的报表。它是根据“收入 - 费用 = 利润”这一会计等式设计的，属于动态报表。

通过利润表可以总体上了解企业收入、成本和费用等情况，能够反映企业生产经营的收益情况、成本耗费情况，表明企业生产经营成果；同时，提供的不同时期的比较数字，可以分析企业的获利能力及利润的未来发展趋势。

二、利润表的格式

利润表包括单步式和多步式两种格式。单步式利润表是将当期所有的收入和所有的费用列在一起两者相减得出当期净损益。多步式利润表，是按利润形成的主要环节，列示一些中间性利润指标，如营业利润、利润总额、净利润，分步计算当期净损益，从而详细揭示企业利润形成的过程。

我国企业会计准则规定，利润表采用多步式格式。

三、利润表的结构

利润表一般有表首、正表两部分。其中，表首包括报表名称、编制单位、编制日期、报表编号、货币名称、计量单位等；正表是利润表的主体，反映形成经营成果的各个项目和计算过程。

我国企业利润表的主要编制步骤如下：

第一步，从营业收入出发，减去营业成本、税金及附加、销售费用、管理费用、财务费用、研发费用、信用减值损失、资产减值损失，加上公允价值变动收益（减去公允价值变动损失）、投资收益（减去投资损失）、其他收益和资产处置收益（减去资产处置损失），计算出营业利润。

第二步，从营业利润出发，加上营业外收入，减去营业外支出，计算出利润总额。

第三步，在利润总额的基础上，减去所得税费用，计算出净利润（或净亏损）。

四、利润表的编制方法

利润表中的项目分为“本期金额”和“上期金额。”其中“上期金额”栏内各项数字，应根据上期利润表的“本期金额”栏内所列数字填列。如果上年度利润表的项目名称和内容与本年度利润表不一致，应对上年报表项目的名称和数字按本年度的规定进行调整，填入报表的“上年数”栏。利润表中的“本年累计数”栏，反映各项目自年初起至报告期末止的累计实际发生数。

利润表“本期金额”各项目的内容及填列方法见表 11—6。

表 11—6 利润表“本期金额”各项目的内容及填列方法

项目	填列方法
一、营业收入	=“主营业务收入”+“其他业务收入”
减：营业成本	=“主营业务成本”+“其他业务成本”
税金及附加	=“税金及附加”
销售费用	=“销售费用”
管理费用	=“管理费用”发生额－“研发费用”明细账户的发生额
研发费用	=“管理费用”账户下的“研发费用”明细账户的发生额
财务费用（收益以“－”号填列）	=“财务费用”
其中：利息费用	根据“财务费用”账户的相关明细账户的发生额分析填列
利息收入	根据“财务费用”账户的相关明细账户的发生额分析填列
资产减值损失	=“资产减值损失”
信用减值损失	=“信用减值损失”
加：其他收益	=“其他收益”
投资收益（损失以“－”号填列）	=“投资收益”
其中：对联营企业和合资企业的投资收益	
公允价值变动收益（损失以“－”号填列）	=“公允价值变动损益”
资产处置收益（损失以“－”号填列）	=“资产处置损益”
二、营业利润（亏损以“－”号填列）	计算确定
加：营业外收入	=“营业外收入”
减：营业外支出	=“营业外支出”

续表

项目	填列方法
三、利润总额（亏损以“-”号填列）	计算确定
减：所得税费用	=“所得税费用”
四、净利润（净亏损以“-”号填列）	计算确定
（一）持续经营净利润（净亏损以“-”号填列）	
（二）终止经营净利润（净亏损以“-”号填列）	
五、其他综合收益的税后净额	略
六、综合收益总额	“四”+“五”
七、每股收益	略
（一）基本每股收益	
（二）稀释每股收益	

【例 11—5】信达公司 2018 年 10 月，有关损益类账户的发生额见表 11—7。其中，“管理费用”账户中“研发费用”的发生额为 217 000 元。

表 11—7　　信达公司损益类账户发生额　　单位：元

账户名称	借方发生额	贷方发生额
主营业务收入	356 100	3 827 800
其他业务收入	0	875 000
主营业务成本	1 860 000	275 600
其他业务成本	524 200	0
税金及附加	286 000	0
销售费用	457 000	0
管理费用	756 000	0
财务费用	565 300	236 100
资产减值损失	80 000	0
投资收益	0	152 300
营业外收入	0	353 200
营业外支出	100 000	0
所得税费用	186 000	0

要求：根据上述资料编制 2018 年 10 月利润表中“本期金额”栏的数字，并编制利润表（见表 11—8）。

表 11—8　　利　润　表　　会企 02 表

编制单位：信达公司　　2018 年 10 月　　单位：元

项　　目	本期金额	上期金额
一、营业收入	4 346 700	略
减：营业成本	2 108 600	
税金及附加	286 000	
销售费用	457 000	
管理费用	539 000	
研发费用	217 000	
财务费用（收益以“-”号填列）	329 200	
其中：利息费用	565 300	
利息收入	236 100	
资产减值损失	80 000	
信用减值损失	0	
加：其他收益	0	
投资收益（损失以“-”号填列）	152 300	
其中：对联营企业和合资企业的投资收益	0	
公允价值变动收益（损失以“-”号填列）	0	
资产处置收益（损失以“-”号填列）	0	
二、营业利润（亏损以“-”号填列）	482 200	
加：营业外收入	353 200	
减：营业外支出	100 000	
三、利润总额（亏损以“-”号填列）	735 400	
减：所得税费用	186 000	
四、净利润（净亏损以“-”号填列）	549 400	
（一）持续经营净利润（净亏损以“-”号填列）		
（二）终止经营净利润（净亏损以“-”号填列）		
五、每股收益		
（一）基本每股收益		
（二）稀释每股收益		

第四节　现金流量表

一、现金流量表的概念

现金流量表是反映企业在一定会计期间现金和现金等价物流入和流出的报表，属于动态报表。

现金流量表是以现金及现金等价物为基础编制的（即以收付实现制为编制基础）。现金，是指企业库存现金以及可以随时用于支付的存款，包括库存现金、银行存款和其他货币资金等，不能随时用于支付的存款不属于现金。现金等价物，是指企业持有的期限短、流动性强、易于转换为已知金额现金、价值变动风险很小的投资。

二、现金流量表的作用

现金流量表的作用主要表现在以下几方面：

第一，现金流量表可以提供公司的现金流量信息，从而对公司整体财务状况做出客观评价。

第二，现金流量表能够说明公司一定期间内现金流入和流出的原因，能全面说明公司的偿债能力和支付能力。

第三，通过现金流量表能够分析公司未来获取现金的能力，并可预测公司未来财务状况的发展趋势。

第四，现金流量表能够提供不涉及现金的投资和筹资活动的信息。

三、现金流量表的项目分类

企业产生的现金流量可以分为以下几类：

1. 经营活动产生的现金流量

经营活动是指企业投资活动和筹资活动以外的所有交易和事项。经营活动产生的现金流量主要包括销售商品、提供劳务、购买商品、接受劳务、支付工资和交纳税费等流入和流出的现金和现金等价物。

2. 投资活动产生的现金流量

投资活动是指企业长期资产的购建和不包括在现金等价物范围内的投资及其处置活动。投资活动产生的现金流量主要包括购建固定资产、处置子公司及其他营业单位等流入和流出的现金和现金等价物。

3. 筹资活动产生的现金流量

筹资活动是指导致企业资本及债务规模和构成发生变化的活动。筹资活动产生的现金流量主要包括吸收投资、发行股票、分配利润、发行债券、偿还债务等流入和流出的现金和现金等价物。偿付应付账款、应付票据等商业应付款属于经营活动，不属于筹资活动。

四、现金流量表的格式

现金流量表的格式见表11—9。

表11—9　　现金流量表　　会企03表

编制单位:　　20××年度　　单位：元

项　　目	本期金额	上期金额
一、经营活动产生的现金流量:		
销售商品、提供劳务收到的现金		
收到的税费返还		
收到的其他与经营活动有关的现金		
经营活动现金流入小计		
购买商品或接受劳务支付的现金		
支付给职工以及为职工支付的现金		
支付的各项税费		
支付的其他与经营活动有关的现金		
经营活动现金流出小计		
经营活动产生的现金流量净额		
二、投资活动产生的现金流量:		
收回投资所收到的现金		

续表

项　目	本期金额	上期金额
取得投资收益所收到的现金		
处置固定资产、无形资产和其他长期资产所收回的现金净额		
处置子公司及其他营业单位收到的现金净额		
收到的其他与投资活动有关的现金		
投资活动现金流入小计		
购建固定资产、无形资产和其他长期资产所支付的现金		
投资所支付的现金		
取得子公司及其他营业单位支付的现金净额		
支付的其他与投资活动有关的现金		
投资活动现金流出小计		
投资活动产生的现金流量净额		
三、筹资活动产生的现金流量：		
吸收投资所收到的现金		
取得借款所收到的现金		
收到的其他与筹资活动有关的现金		
筹资活动现金流入小计		
偿还债务所支付的现金		
分配股利、利润和偿付利息所支付的现金		
支付的其他与筹资活动有关的现金		
筹资活动现金流出小计		
筹资活动产生的现金流量净额		
四、汇率变动对现金及现金等价物的影响		
五、现金及现金等价物净增加额		
加：期初现金及现金等价物余额		
六、期末现金及现金等价物余额		

第五节　所有者权益变动表

一、所有者权益变动表的概念

所有者权益变动表是反映构成所有者权益各组成部分当期增减变动情况的报表。

通过所有者权益变动表，既可以为报表使用者提供所有者权益总量增减变动的信息，也能为其提供所有者权益增减变动的结构性信息，特别是能够让报表使用者理解所有者权益增减变动的根源。

知识链接

> 2007 年以前，公司所有者权益变动情况是以资产负债表附表形式予以体现的。新准则颁布后，要求上市公司于 2007 年正式对外呈报所有者权益变动表，所有者权益变动表将成为与资产负债表、利润表和现金流量表并列披露的第四张财务报表。
>
> 在所有者权益变动表中，企业还应当单独列示反映下列信息：①所有者权益总量的增减变动；②所有者权益增减变动的重要结构性信息；③直接计入所有者权益的利得和损失。

二、所有者权益变动表的结构与内容

所有者权益变动表包括表首和正表两部分。其中表首包括报表名称、编制单位、编制日期、报表编号、货币名称、计量单位等。正表是所有者权益变动表的主体，具体说明所有者权益变动表的各项内容，具体见表 11—10。

三、所有者权益变动表的编制方法

所有者权益变动表“上年金额”栏内各项目，应根据上年度所有者权益变动表“本年金额”内所列数字填列。

所有者权益变动表“本年金额”栏内各项数字一般应根据“实收资本（或股本）”“资本公积”“盈余公积”“利润分配”“库存股”“以前年度损益调整”账户的发生额分析填列。

表 11—10

所有者权益变动表

会企 04 表

编制单位：　　　　______年度　　　　单位：元

项目	本年金额										上年金额									
	实收资本（或股本）	其他权益工具			资本公积	减：库存股	其他综合收益	盈余公积	未分配利润	所有者权益合计	实收资本（或股本）	其他权益工具			资本公积	减：库存股	其他综合收益	盈余公积	未分配利润	所有者权益合计
		优先股	永续股	其他								优先股	永续股	其他						
一、上年年末余额																				
加：会计政策变更																				
前期差错更正																				
其他																				
二、本年年初余额																				
三、本年增减变动金额（减少以“-”号填列）																				
（一）综合收益总额																				

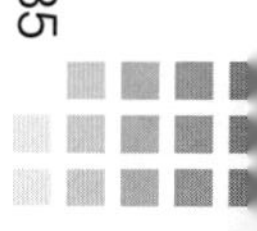

续表

项目	本年金额										上年金额									
	实收资本（或股本）	其他权益工具			资本公积	减：库存股	其他综合收益	盈余公积	未分配利润	所有者权益合计	实收资本（或股本）	其他权益工具			资本公积	减：库存股	其他综合收益	盈余公积	未分配利润	所有者权益合计
		优先股	永续股	其他								优先股	永续股	其他						
（二）所有者投入和减少资本																				
1. 所有者投入的普通股																				
2. 其他权益工具持有者投入资本																				
3. 股份支付计入所有者权益的金额																				
4. 设定受益计划变动额结转留存收益																				
5. 其他																				
（三）利润分配																				
1. 提取盈余公积																				

续表

项目	本年金额										上年金额									
	实收资本（或股本）	其他权益工具			资本公积	减：库存股	其他综合收益	盈余公积	未分配利润	所有者权益合计	实收资本（或股本）	其他权益工具			资本公积	减：库存股	其他综合收益	盈余公积	未分配利润	所有者权益合计
		优先股	永续股	其他								优先股	永续股	其他						
2. 对所有者（或股东）的分配																				
3. 其他																				
（四）所有者权益内部结转																				
1. 资本公积转增资本（或股本）																				
2. 盈余公积转增资本（或股本）																				
3. 盈余公积弥补亏损																				
4. 其他																				
四、本年年末余额																				

第六节　财务报表附注

一、财务报表附注的概念

财务报表附注是对资产负债表、利润表、现金流量表和所有者权益变动表等报表中列示项目的文字描述或明细资料，以及对未能在这些报表中列示项目的说明等。财务报表附注与资产负债表、利润表、现金流量表、所有者权益变动表等财务报表具有同等的重要性，是财务报表的重要组成部分。

知识链接

财务报表与附注之间的关系：财务报表是根，附注是对报表的补充说明。没有财务报表的存在，附注就失去了依靠，其功能也就无处发挥；而没有附注恰当的延伸、说明，财务报表的功能就难以有效地实现。两者相辅相成，形成一个完善的有机整体。

二、财务报表附注的主要内容

附注应当按照如下顺序披露有关内容。

1. 企业的基本情况

（1）企业注册地、组织形式和总部地址。

（2）企业的业务性质和主要经营活动，如企业所处的行业、所提供的主要产品或服务、客户的性质、销售策略、监管环境的性质等。

（3）财务报告的批准报出者和财务报告批准报出日。

2. 财务报表的编制基础

（1）会计年度。

（2）记账本位币。

（3）会计计量所运用的计量基础。

（4）现金和现金等价物的构成。

3. 遵循企业会计准则的声明

企业应当明确说明编制的财务报表符合企业会计准则体系的要求，真实、公允地反映了企业的财务状况、经营成果和现金流量。

4. 重要会计政策和会计估计

根据财务报表列报准则的规定，企业应当披露采用的重要会计政策和会计估计，不重要的会计政策和会计估计可以不披露。判断会计政策和会计估计是否重要，应当考虑与会计政策或会计估计相关项目的性质和金额。

5. 会计政策和会计估计变更以及差错更正的说明

企业应当按照《企业会计准则第 28 号——会计政策、会计估计变更和差错更正》及其应用指南的规定，披露会计政策和会计估计变更以及差错更正的有关情况。

6. 报表重要项目的说明

企业应当以文字和数字描述相结合，尽可能以列表形式披露报表重要项目的构成或当期增减变动情况，并且报表重要项目的明细金额合计，应当与报表项目金额相衔接。在披露顺序上，一般应当按照资产负债表、利润表、现金流量表、所有者权益变动表的顺序及其项目列示的顺序。

7. 其他需要说明的重要事项

这主要包括或有和承诺事项、资产负债表日后非调整事项、关联方关系及其交易等，具体的披露要求须遵循相关准则的规定。

练习题

一、填空题

1.《企业会计准则》规定，一套完整的会计报表至少应当包括：________、

________、________和所有者权益（或股东权益）变动表和附注。

2．会计报表按照编制的时间，分为________和________。

3．“货币资金”项目，应当根据________、________和________三个总账账户的期末余额合计数填列。

4．利润表包括________和________两种格式。

二、单选题

1．下列各项中，可根据相应总账账户的余额直接在资产负债表中填列的是（　　）。

A．应收账款　　B．固定资产　　C．长期借款　　D．短期借款

2．在资产负债表中“预收款项”项目的填列方法是（　　）。

A．根据“预收账款”账户的期末余额填列

B．根据“预收账款”和“应收账款”账户所属各明细账户的期末贷方余额合计数填列

C．根据“预收账款”和“预付账款”账户所属各明细账户的期末借方余额合计数填列

D．根据“预收账款”和“应付账款”账户所属各明细账户的期末贷方余额合计数填列

3．下列各项中，应列入利润表“营业收入”项目的是（　　）。

A．销售材料取得的收入　　B．接受捐赠收到的现金

C．出售专利权取得的净收益　　D．出售自用房产取得的净收益

4．下列账户的余额不应计入“存货”项目的是（　　）。

A．生产成本　　B．工程物资　　C．库存商品　　D．原材料

三、业务题

根据表 11—11 资料，填写资产负债表中表 11—12 的部分数据。

表 11—11　　总账和明细账余额表　　单位：元

总账	明细账	借方余额	贷方余额
库存现金		5 000	
银行存款		161 800	
其他货币资金		12 000	
预付账款		8 000	

续表

总账	明细账	借方余额	贷方余额
	甲公司	12 000	
	乙公司		4 000
原材料		12 670	
周转材料		2 450	
生产成本		9 480	
库存商品		31 000	
应付账款			5 000
	丙公司		7 000
	丁公司	2 000	

表 11—12 资产负债表（节选）

项　目	金　额
货币资金	
预付款项	
存货	
应付票据及应付账款	